Des mêmes auteurs

Pascale Robert-Diard

La Déposition, L'Iconoclaste, 2016.
Le Monde, Les Grands Procès, Les Arènes, 2010.
La Part du juge, Arké, 2017.

Stéphane Durand-Souffland

Directs du droit, avec Éric Dupond-Moretti, Michel Lafon, 2017.
Disparition d'une femme, L'Affaire Viguier, L'Olivier, 2011 ; Le Seuil, « Points », 2014.
Frissons d'assises, L'Instant où le procès bascule, Denoël, 2012.

Photo : procès de Bertrand Cantat.

L'Iconoclaste
27, rue Jacob, 75006 Paris
Tél : 01 42 17 47 80
iconoclaste@editions-iconoclaste.fr

Jours de crimes se prolonge sur www.editions-iconoclaste.fr

Stéphane Durand-Souffland

Pascale Robert-Diard

JOURS DE CRIMES

Récits

L'ICONOCLASTE

« Je ne connaissais jusqu'alors qu'une catégorie de journalistes, les critiques de cinéma, j'en découvrais une autre, avec ses rassemblements tribaux qui ne sont pas des festivals mais des procès. Quand, ayant un peu bu comme nous l'avons fait ce soir-là, ils se rappellent leurs campagnes, ce n'est pas Cannes, Venise ou Berlin, mais Dijon pour Villemin ou Lyon pour Barbie, et je trouvais ça autrement sérieux. »

Emmanuel Carrère, *L'Adversaire*.

Pendant quelques jours, parfois plusieurs semaines, rien d'autre ne compte. L'univers tout entier se condense entre les quatre murs d'une cour d'assises. Dedans, on se saoule de mots et de visages. Des hommes, des femmes dont nous ignorions tout nous deviennent familiers. On apprend où ils sont nés, comment ils ont grandi, qui ils ont aimé, comment ils ont été aimés ou mal aimés. On voit leur mère, leur père, leurs frères et sœurs, leurs voisins, leur employeur, leur instituteur, leur meilleur ami, leur pire ennemi. Rien d'eux ne nous est épargné, surtout ce qu'ils voudraient cacher. Leurs passions, leurs mystères, leurs mensonges, leurs aveux, leurs silences, leurs épreuves, leurs corps, ses blessures et ses plaisirs sont disséqués devant nous. On aspire jusqu'à la plus fine particule de leur intimité. Nous, chroniqueurs judiciaires, sommes des ripailleurs d'humanité.

P.R.-D. et S.D.-S.

Les termes juridiques sont définis dans un glossaire à la fin de l'ouvrage.

Crime à six mains

Son boulot à la villa, c'était de laver les vitres. Il y en avait beaucoup et elles étaient très hautes. La patronne était exigeante, toujours polie, mais un peu froide. Il n'aurait pas su dire pourquoi exactement, mais quand elle le regardait, il se sentait encombrant. Le patron, c'était tout l'inverse. Un type chaleureux, drôle, qui lui offrait le café et le partageait même avec lui. En plus des vitres, il s'occupait du jardin de temps en temps. Pas les fleurs, ça, c'était un vrai professionnel qui s'en chargeait. Lui, il était là pour arracher les mauvaises herbes. Et aussi pour soulever les pots, surtout les très gros, autour de la piscine, parce qu'il était costaud. Il n'empêche. Dans cette affaire, Meziane Belkacem est surnommé « le jardinier ». « Même en prison, on m'appelle comme ça. » Il dit qu'il a fini par s'y habituer.

Meziane n'a pas décidé grand-chose dans sa vie. Il avait 3 ans quand son père, un harki, a quitté l'Algérie avec l'armée française. Au village, en Kabylie, on disait de Meziane qu'il était le fils d'un traître. Restée sur place, sa mère s'est remariée, avec un militant du FLN cette fois, d'autres enfants sont nés, et Meziane a été prié d'aller grandir ailleurs. L'école, c'était pour les autres. Lui, il gardait les chèvres et cueillait les olives chez ses grands-parents. Quand il est devenu majeur, son père lui a envoyé sa photo et un billet d'avion pour la France. Il l'attendait à Orly, son fils ne l'a pas reconnu, ils se sont ratés. Comme il ne parlait pas un mot de français, Meziane n'a pas compris la voix dans les haut-parleurs qui lui disait qu'on le cherchait. Il avait juste une adresse à « Châlons » griffonnée au dos d'une enveloppe. Il a pris le train jusqu'à Chalon-sur-Saône. Son père habitait Châlons-en-Champagne. Il leur a fallu plusieurs jours pour se retrouver.

Après, Meziane a laissé son père s'occuper de tout. L'inscrire au service militaire, lui choisir une épouse et lui trouver un premier travail dans une société de nettoyage. Ses employeurs étaient contents, pas assez cependant pour l'embaucher à plein temps. Il a tenté de monter sa propre entreprise, mais comme il ne savait ni lire ni écrire, le comptable lui a dit qu'il valait mieux renoncer. Il a renoncé. Son épouse s'est lassée et lui a demandé de s'en aller. Il est parti.

Son père, qui s'était installé dans le sud de la France, l'a récupéré. Il lui a trouvé une seconde femme. Quatre enfants sont nés. La vie n'était pas facile, Meziane s'est accroché, il a pris tout ce qui se présentait : le nettoyage encore, les récoltes dans les vignes et les vergers, les petits boulots dans les jardineries. Un jour, un riche homme d'affaires, Jean-Michel Bissonnet, a appelé pour se plaindre de son gazon. On lui a envoyé Meziane, le client a été satisfait, il lui a demandé de revenir. Et c'est comme ça que tout a commencé. « Si tu veux réussir, fréquente les gens qui ont réussi », lui répétait son père. Avec Jean-Michel Bissonnet, Meziane se disait qu'il était bien tombé. Il était né en Algérie lui aussi, ses parents avaient été commerçants à Oran, ils avaient dû partir à cause des « événements ». L'histoire les rapprochait. Ensemble, ils parlaient du pays.

Peu à peu, Meziane lui confie ses soucis. Sa seconde épouse l'a fichu à la porte, il vit à l'hôtel. Même sa voiture l'a lâché et, sans elle, il ne peut plus aller voir ses enfants. Jean-Michel Bissonnet l'écoute, lui promet de l'aider. Il se raconte, lui aussi. Sa vie avec son épouse Bernadette l'ennuie. Il en a marre des cours de gym le matin et de la balance dans la salle de bains, des tomates cerises à midi, du shopping l'après-midi et des reproches au dîner quand il se ressert un verre de vin. Heureusement qu'il a la chasse et le Rotary.

La chasse, il la doit à son ami Amaury d'Harcourt, de vingt-cinq ans son aîné. Bissonnet aime tellement ce nom, d'Harcourt, qu'il le fait claquer chaque fois qu'il peut dans la conversation. Lui, le rapatrié d'Algérie, le fils de commerçants d'Oran, l'ancien visiteur médical devenu rentier après avoir fait fortune dans l'immobilier, est l'ami d'un vicomte, descendant de la plus haute noblesse par son père, des Wendel par sa mère. Jean-Michel Bissonnet ne s'est jamais remis de son premier éblouissement, à 20 ans, lorsqu'il s'est présenté à l'entrée du château de Saint-Eusoge, dans l'Yonne, pour offrir ses services de manant à l'élevage de sangliers des d'Harcourt. Les animaux étaient destinés aux chasses présidentielles de Chambord, ou aux hôtes chasseurs qui achetaient le droit de fouler, quelques fois l'an, le prestigieux domaine familial. Admis en bout de table, le jeune Bissonnet découvrait un monde de domestiques en gants blancs, de vaisselle de vermeil et de comtesses emperlées qui gloussaient de plaisir aux compliments canaille que leur chuchotait à l'oreille l'hôte des lieux.

Amaury d'Harcourt avait connu l'Algérie lui aussi. Il y avait peu de choses d'ailleurs que le vicomte ne connaissait pas. « Tardillon » de la fratrie, comme disait la marquise, sa mère, il avait échappé aux devoirs et aux charges qui incombaient au seul fils aîné. À 20 ans, après avoir échoué au baccalauréat et fait un bout de chemin avec la Résistance, moins par conviction politique que pour embêter sa famille pétainiste, il avait décidé de sillonner l'Afrique. Il est alors chauffeur de camion, vendeur d'alcool, chercheur d'or au Gabon, entrepreneur au Congo, avant de se consacrer à l'enregistrement des musiques traditionnelles africaines. Il monte une maison de production de disques à Alger, que la guerre achève de faire sombrer. Entre deux voyages, il épouse une première femme, somptueusement belle et riche, la quitte, en épouse une autre, qu'il quitte encore, puis une troisième. De retour en France – avec comme tout bagage ses enregistrements musicaux dont il fait don au musée de l'Homme –, il rejoint la Puisaye et le domaine familial, puis s'en éloigne à nouveau pour se lancer dans la création d'un parc animalier en Lozère, qu'il échoue à faire fructifier, et revient au château s'occuper des sangliers. « La seule chose qu'il ait réussie, dans sa vie, c'est à se ruiner », résume sans rancune l'une de ses épouses.

Cet homme dont raffole son mari, Bernadette Bissonnet ne l'aime pas. Trop de femmes, trop de liberté, aucune moralité. Elle qui ne rêve que de s'enrichir et de monter ne comprend pas cet aristocrate sans le sou qui n'aspire qu'à descendre, préfère son coin de cheminée dans les dépendances du fermier aux salles de réception du château, roule dans une vieille voiture, se damne pour le premier jupon qui passe et s'absente toujours

« La seule chose
qu’il ait réussie,
dans sa vie,
c’est à se ruiner »,
résume sans
rancune l’une
de ses épouses.

de table au moment de payer l'addition. Elle redoute les parties de chasse et plus encore ce qui les accompagne, et surveille l'heure de retour de son mari au dîner. Le Rotary lui convient davantage. Jean-Michel Bissonnet y va chaque mardi.

Juste avant de sortir, ce mardi 11 mars 2008, il prévient son épouse qu'il emmène le chien. « Viens, Pit ! » Ils longent la terrasse qui domine Montpellier – Jean-Michel Bissonnet ne se lasse pas de cette vue sur la ville, c'est la première chose qu'il a aimée quand il a décidé d'acheter cette belle villa blanche. Le chien saute à l'arrière de la voiture, il est joyeux. Le portail se referme, les lumières du jardin s'éteignent. Bernadette reste assise seule dans son canapé. Elle a prévu de dîner léger devant la télé.

Jean-Michel Bissonnet se gare sur le parking du restaurant. Il est à l'heure. La voiture de son ami notaire est là, celles du pharmacien et du viticulteur aussi. Dans le salon qui leur est réservé, le conseiller en gestion de patrimoine discute avec le concessionnaire automobile. Les verres tintent, les conversations se nouent. La maire socialiste de Montpellier a toutes les chances d'être réélue au deuxième tour. « C'était vraiment bien, ce voyage du club en Afrique du Sud. » « Perpignan nous a mis une belle raclée au rugby. » « Notre collecte de lunettes pour les enfants défavorisés démarre très fort. »

L'ordre du jour appelle la refonte de la charte d'éthique du club. Jean-Michel Bissonnet prend la parole. C'est un sujet auquel il tient.

On sonne au portail de la villa. « J'ai oublié mon téléphone à l'étage », dit Meziane. Bernadette lui ouvre, il monte, elle l'attend au pied de l'escalier. « Vous l'avez retrouvé ? » Elle a juste le temps de voir un fusil braqué sur elle. « Maman ! » crie-t-elle.

Au dîner du Rotary, le portable de Jean-Michel Bissonnet vrombit. Le système d'alarme de la villa, auquel il est relié, vient de se déclencher. Il se lève d'un bond. Mieux vaut qu'il aille voir. « Excusez-moi. — On te comprend, surtout tiens-nous au courant. »

Le central de la police enregistre l'appel mardi 11 mars 2008, à 22 heures. Un hurlement. « Ma femme, ma femme ! — Allô ! Allô ! » répond calmement une voix masculine au téléphone. « Ma femme, ils ont tué ma femme ! — Monsieur, calmez-vous. Donnez-moi votre nom et votre adresse. » Les sanglots saturent l'échange. « Restez en ligne, monsieur, ne raccrochez pas, et surtout ne touchez à rien. » Les hurlements de douleur reprennent, de plus en plus fort, puis semblent s'éloigner du combiné. « Allô ! Allô ! Monsieur, ne bougez pas », dit encore la voix. « Mon amour, je t'aime, je t'aime, Bernadette… Mais pourquoi ? Mais pourquoi ? La peine de mort pour des salopards pareils ! — Allô,

allô ? » On entend retentir les sirènes. Les pompiers, puis les gendarmes pénètrent dans la villa. Encore des cris, puis le silence. Il est 22 h 13.

Bernadette gît dans son sang, bouche ouverte. Une serpillière mouillée goutte dans l'évier de la cuisine. Les gendarmes s'affairent sur la scène de crime. Prélèvent tout ce qui peut intéresser l'enquête. Explorent les environs de la villa, la maison d'amis, le garage à 4×4. L'un d'eux prend en charge le mari éploré pendant qu'on enlève le corps de son épouse. Un autre monte à l'étage, en revient avec un couvre-lit dont il veut recouvrir, par délicatesse, les flaques de sang qui tapissent les dalles du salon. « Non, pas celui-là ! Il sort du pressing ! » crie le mari.

Pas d'effraction, constatent les gendarmes, qui pensent au crime d'un familier. « Quelles sont les dernières personnes que vous ayez vues dans la villa ? » Jean-Michel Bissonnet donne le nom de son ami Amaury d'Harcourt et celui de son jardinier, Meziane Belkacem. La nuit est bien avancée quand les gendarmes se retirent. « On va vous laisser vous reposer, monsieur Bissonnet, on se retrouve demain. — D'accord, à demain. »

Il n'a pas dormi, dit-il au gendarme qui le reçoit l'après-midi. Tout se bouscule dans sa tête. « On va reprendre depuis le début, monsieur Bissonnet. Par exemple, parlez-nous de Belkacem. — C'est quelqu'un en qui j'ai confiance, je le connais depuis longtemps. » Mais encore ? Justement, il y a des choses qui lui sont revenues. Un jour, en buvant le café, Meziane lui a montré une photo de lui, à Oran, « avec une kalachnikov ». Le gendarme note. « Et aussi, une fois, il a dit à mon frère qu'il y avait trop de catholiques en Algérie. » Le gendarme note encore. « Et puis, j'ai repensé que récemment Meziane m'a demandé si je pouvais lui prêter 5 000 euros pour acheter une voiture. J'ai refusé. Hier, il m'en a reparlé avant de partir. » A-t-il le code du portail ? demande le gendarme. « Oui. »

Le lendemain, le jardinier est convoqué à la gendarmerie. Il fait chaud dans le bureau, Meziane Belkacem sue sous sa vareuse boutonnée, mais il garde les bras croisés sur la poitrine, les deux mains coincées sous les aisselles. « Vous devriez enlever votre veste, mettez-vous à l'aise, dit le gendarme. « Mais vous avez un pansement au pouce ! Que vous est-il arrivé ? » La réponse est déjà dans les scellés. Sur le tapis du vestibule de la villa des Bissonnet, à quelques mètres de la victime, les gendarmes ont trouvé un petit morceau de chair sanguinolent encore accroché à un ongle. Du pouce justement. Le bout qui manque sous le pansement. Meziane Belkacem est aussitôt incarcéré.

Le compagnon de chasse se présente à son tour. « D'Harcourt Amaury », épelle-t-il, 83 ans. Domicilié au château de Saint-Eusoge dans l'Yonne. Il est en effet passé à la villa mardi après-midi. Le soir, il dînait chez des amis. A-t-il croisé le jardinier ? « Oui. » Un souvenir particulier ? « Non. Enfin, si. » Il lui semble l'avoir entendu demander de l'argent à son ami. Combien ? Il n'a pas fait très attention. « Cinq mille euros, je crois. Pour acheter une voiture. »

Aux funérailles de Bernadette Bissonnet, tous les amis du Rotary pleurent avec le veuf. Amaury d'Harcourt rentre sur ses terres. Quelques jours plus tard, dans la belle villa blanche, Jean-Michel Bissonnet reçoit un décorateur, qui lui présente ses condoléances et ses échantillons. Ce rendez-vous, c'est Bernadette qui l'avait pris, il n'était pas question de l'annuler, sanglote le mari en choisissant la nouvelle tapisserie.

Trois ans ont passé. « Complet », dit l'écriteau posé à l'entrée de la cour d'assises de Montpellier. Meziane Belkacem cale son dos contre le banc de bois, le box paraît tout petit. Il n'a pas eu d'autre choix que d'avouer l'assassinat. Amaury d'Harcourt est là lui aussi, accusé de complicité. On a prévu un fauteuil pour lui, la justice a parfois des égards pour le grand âge. Il porte une veste en tweed, un pantalon de velours, un foulard de soie aux motifs cachemire noué dans l'encolure d'une chemise bleu pâle, une paire de Richelieu en cuir fauve patiné, et sourit déjà à la greffière. Jean-Michel Bissonnet entre le dernier, son alliance dorée scintille dans la lumière terne du box. Les deux autres l'accusent d'avoir commandité le meurtre de son épouse.

Au début, contre lui, il n'y avait que la parole du jardinier. Aux gendarmes, puis au juge d'instruction, Belkacem a raconté que Jean-Michel Bissonnet lui avait demandé s'il connaissait quelqu'un pour faire « un contrat » sur son épouse. « J'ai d'abord cru qu'il plaisantait. Il est revenu à la charge plusieurs fois. Il promettait 30 000 euros. » L'argent s'était mis à danser devant ses yeux, il avait accepté. Le mardi matin, alors qu'il nettoyait les vitres à l'étage, et que Bernadette s'était absentée, Jean-Michel Bissonnet était venu le voir, une liasse de billets dans la main. « Il m'a dit : "Tu les prends si tu veux." Je lui ai dit : "Pas maintenant." Il m'a aussi demandé si je voulais un lingot d'or. » Ils avaient ensuite emprunté le 4×4 de l'épouse de Jean-Michel Bissonnet, au motif qu'ils devaient transporter des galets. Le but, avait expliqué Meziane, était de justifier ses empreintes, puisqu'il devait quitter la villa au volant de ce véhicule après le meurtre pour l'abandonner trois cents mètres plus loin. Son patron lui avait encore dit qu'en partant au Rotary il couperait le dispositif qui éclairait automatiquement l'allée menant à la villa, après l'ouverture du portail.

Les deux hommes s'étaient ensuite retrouvés dans le garage, où Amaury d'Harcourt les avait rejoints.

Ils avaient expliqué au jardinier comment fonctionnait le fusil. Le vieux monsieur lui avait montré où il fallait tirer. « Dans la poitrine, explique Meziane, à 50-60 centimètres, sinon elle ne serait que blessée. La tête, j'avais refusé. » Avant de le quitter, Bissonnet lui avait dit : « Tu n'as rien à craindre. J'emmènerai le chien pour qu'il n'aboie pas. Ce soir, il faut pas caler. Tu verras, je t'oublierai pas. Je ne laisse pas tomber les amis. Et si ça tourne mal, je me dénoncerai. »

Tout ou presque s'était passé comme prévu. Après avoir tiré, un premier coup, puis un deuxième, Meziane Belkacem s'était aperçu qu'il saignait. Il avait épongé les traces, dérangé deux trois choses dans la villa sur le conseil de Jean-Michel Bissonnet (« Prends ce que tu veux dans la maison pour faire croire à un cambriolage qui a mal tourné ») et glissé l'arme dans un étui de raquette de tennis que son patron avait caché à dessein dans un recoin. En partant, il n'avait pas oublié de passer la main devant l'alarme du jardin qui déclenchait le portable du mari au Rotary. « Au début, il m'avait demandé de l'appeler avec le téléphone de sa femme. J'ai pas voulu. C'était ma voix. Je me suis dit que c'était un piège. »

En contrebas de la villa, il avait retrouvé Amaury d'Harcourt qui l'attendait pour récupérer l'arme et s'en débarrasser. Le vicomte lui avait simplement demandé : « Ça s'est bien passé ? — Non. »

Amaury d'Harcourt avait d'abord vigoureusement démenti. Mais quelques semaines plus tard, de retour au château de Saint-Eusoge, le vicomte avait été pris de remords. Il s'était présenté à la gendarmerie la plus proche de chez lui pour avouer sa complicité dans l'assassinat de Bernadette et se constituer prisonnier. « Celui qui dit la vérité, c'est le jardinier », avait-il déclaré. Il avait eu plus de mal à reconnaître qu'il était au courant du projet de son ami Bissonnet. Quand celui-ci lui avait dit qu'il voulait faire tuer sa femme, le vicomte avait d'abord cru à une forfanterie. « Je lui avais conseillé de divorcer, mais sa décision était prise et après, tout s'est enchaîné », avait-il benoîtement expliqué. Bissonnet lui avait demandé de venir au rendez-vous avec le jardinier dans le garage. « Il faut qu'il te respecte et te craigne, lui avait-il dit, qu'il te prenne pour un ancien des services secrets. » Le vicomte s'était prêté au jeu et avait accepté aussi de récupérer l'arme car son ami n'avait pas confiance en Belkacem. En apprenant la déposition de son père, sa fille unique, Diane, s'était exclamée : « Il a avoué, il ne mourra qu'à moitié déshonoré ! »

Le seul qui continue de tout nier, c'est Jean-Michel Bissonnet. Ses deux fils sont convaincus de son innocence. Ses amis du Rotary aussi. Le jardinier kabyle est forcément un menteur, l'aristocrate dévoyé assurément un manipulateur. Jean-Michel Bissonnet, lui, est des leurs. Ils ont les mêmes voitures, les mêmes goûts, les mêmes valeurs, la même piscine dans le jardin, il ne peut pas être un assassin. Le viticulteur : « Je ne vois pas le mobile. C'était un couple normal. Avec une vie normale. Jean-Michel, c'est pas un type à faire ça. » « C'est inconcevable. In-con-ce-vable », affirme le pharmacien. « Il avait une voiture impeccable. Il ne dépassait pas les 130 sur l'autoroute. Il était respectueux de la loi. Je ne le vois pas faire un truc pareil », dit le concessionnaire. « Cette affaire est tellement bête qu'il ne peut pas l'avoir conçue », assure le gérant de patrimoine. Les épouses témoignent elles aussi du couple harmonieux, de l'épouse parfaite, du mari amoureux, de la famille solide.

Au banc de la défense, un homme les regarde et les écoute. Lorsqu'il se lève pour plaider en faveur de Belkacem, c'est à eux qu'il s'adresse, à ces hommes et à ces femmes et à leurs certitudes si bien établies, aux barrières qu'ils dressent devant l'idée du crime et de ses ombres. Gérard Christol commence à parler et la cour d'assises se fige à l'écoute de cet avocat aux longs cheveux blancs lissés en arrière et à la barbe tout aussi blanche, aux gestes souples aussi doux que ses mots, à la voix profonde et aux yeux qui ont beaucoup vu de la vie.

« Je crois que ces amis sont sincères. Qu'ils croient ce qu'ils veulent croire. Parce qu'il leur est impossible de croire autre chose. Mais faut-il rappeler ici que la grandeur d'un homme, c'est sa fragilité ? Pas sa force, pas son apparence, pas la façade ! Dans la vie, comme dans une maison, il n'y a pas que le salon, il y a aussi la cave et le grenier. Les amis sont restés dans le salon.

« Jean-Michel Bissonnet dirige des sociétés. Grâce à son travail, son courage, sa méticulosité, sa rigueur, il est arrivé là où il le souhaitait. Mais c'est sa femme qui fait les comptes, au crayon de papier. Bien sûr qu'il ne va pas dire que ça lui pèse. Quand il va à la chasse le samedi, il ne reste pas pour l'apéro, ni pour le déjeuner. Il rentre manger à la maison avec Bernadette et les enfants. Bien sûr qu'il va vous dire que c'est pour ses enfants, que c'est son bonheur. Peut-il dire autre chose ? Vous ne m'entendrez pas dire que Jean-Michel Bissonnet détestait sa femme. Il avait pour elle de l'admiration, énormément d'admiration. Mais il y avait ce petit espace qui lui manquait. Car chez les Bissonnet, rien ne devait clocher, la maisonnée devait être intacte, sous l'œil du grand-père et des enfants. Un de ses amis est venu dire que leur couple était à l'image de leur jardin, impeccable et magnifique...

« À partir de là, toutes les portes sont fermées à Jean-Michel Bissonnet. Celles des petites fantaisies, de l'adultère, des cabrioles diverses et variées que des épouses souvent plus compréhensives laissent faire. Et le divorce est impossible. Voyez-vous, depuis le début, j'entends des gens dire : "Mais cette affaire n'est pas compréhensible. Il suffisait de divorcer, le divorce, c'est simple." Non, le divorce ce n'est pas simple. Quand il faut dire à des enfants que l'on aime : "Je m'en vais." Quand il faut dire à un père : "Votre fille est merveilleuse, le lit que je partage avec elle est merveilleux, mais je m'en vais." Vous croyez que c'est simple ? Que c'est facile ? Quand il va falloir affronter le regard des amis qui estiment tous que Bernadette Bissonnet est une femme exceptionnelle et qui vont dire : "Mais Jean-Michel, tu es fou ? On ne quitte pas Bernadette ! Et as-tu pensé à tes enfants ?"

« Dans la vie, comme dans les maisons, il faut des fenêtres, pour que l'air circule un peu. Cet air, Jean-Michel Bissonnet va le trouver sur Internet, pour rêver d'éventuelles rencontres. Quelle tristesse ! Alors, les choses vont commencer à mûrir. Lentement. Jean-Michel Bissonnet va dire de temps à autre, sur le ton de la boutade : "Ma femme, je vais la tuer." C'est virtuel, mais c'est dit. Ah, il n'en parle pas aux amis du Rotary, bien sûr ! Il en parle à Meziane Belkacem et à Amaury d'Harcourt. Et les choses se sont accélérées. On arrive au 11 mars. Jean-Michel Bissonnet a rêvé une disparition de sa femme à laquelle il n'aurait aucune part. Il va imaginer un scénario dans lequel il ne serait pas.

Il veut à tout prix cette mise à distance. Car il ne déteste pas assez sa femme pour être en première ligne. Et si ça tourne mal, qui pourra douter de la parole de Jean-Michel Bissonnet ? Qui croira l'Arabe de service ? »

À l'annonce du verdict qui condamne Jean-Michel Bissonnet à trente ans de prison, Meziane Belkacem à vingt ans et Amaury d'Harcourt à huit ans, on attend des cris, une fureur. Sur les bancs du public où se serrent les amis du Rotary, c'est le silence. Les illusions perdues ne font pas de bruit lorsqu'elles tombent.

La condamnation de Jean-Michel Bissonnet a été réduite à vingt ans en appel par la cour d'assises de l'Aude, à Carcassonne, en novembre 2011. Il a obtenu sa remise en liberté conditionnelle en février 2017.

Moment de grâce

Sa mère a été tuée devant elle, à coups de couteau, par le monsieur du box. Quand il était petit, le monsieur du box se faisait rouer de coups par sa mère à lui.

Lorsqu'elle est venue déposer à la cour d'assises, elle avait attaché ses cheveux noirs tout frisés à l'aide de chouchous bleu clair. Elle était terriblement jolie, avec des yeux immenses. Comme son grand frère, elle était la première de sa classe. Le président l'a interrogée avec une grande douceur, elle lui a renvoyé d'immenses sourires. Il lui a demandé, sans utiliser les mots qu'une petite fille de 10 ans n'aurait pas dû connaître, ce qu'elle pensait de tout ça, du crime, de l'accusé. Elle a répondu : « Dans le fond, il a moins de chance que moi. Parce que moi, ma maman, elle m'aimait. »

Marcel(s)

Des Marcel, on en connaît tous. Renée, on a l'impression de l'avoir croisée mille fois. Vieux, tous les deux. Quatre-vingts ans passés, dont cinquante ensemble. Elle ne sortait dans la rue qu'accrochée à son bras. Il veillait à ce qu'elle ne bute pas sur quelque chose et qu'elle ne prenne pas froid. Tous les après-midis, ils quittaient leur pavillon et rejoignaient l'association des vieux comme eux, au Plessis-Trévise, dans le Val-de-Marne. Marcel jouait au tarot ou à la belote. Renée préférait le rami. Les derniers temps, leurs visites s'étaient espacées. Renée perdait la tête et Marcel avait l'air fatigué.

Le 9 janvier 2003, dans la cuisine, juste après le petit-déjeuner, Marcel a serré très fort l'écharpe autour du cou de Renée. Quand ses yeux se sont révulsés, il a lâché. Puis il a téléphoné à la police et il leur a dit qu'il venait d'étrangler sa femme. Il a aussi appelé sa belle-fille pour lui dire la même chose et lui demander de prévenir son fils. Devant la cour d'assises du Val-de-Marne qui juge le vieux monsieur quatre ans plus tard pour meurtre, on a apporté une chaise car ses deux jambes et une canne ne suffisent pas à le porter. On a glissé un micro-cravate au revers de sa veste, parce que sa voix ne porte plus non plus. Et la présidente, Édith Dubreuil, s'est mise à parler lentement, en détachant ses mots, et assez fort pour que ses questions parviennent aux oreilles fatiguées de Marcel.

— On va d'abord parler de votre vie, monsieur.

— À partir de quand, madame la présidente ?

— Du début.

— Alors c'est loin...

La vie de Marcel a commencé le 10 janvier 1921, à la campagne. Il a eu le certificat d'études à 12 ans « avec mention bien » et se serait bien vu instituteur, mais ses parents en ont décidé autrement, faute d'argent. Il en avait 14 lorsqu'il est entré comme apprenti dans une charcuterie. Le patron avait une fille unique, Renée, de cinq ans sa cadette. La vie de Marcel s'est décidée là : ce serait donc la charcuterie et Renée, « parce que, dans ce métier, madame la présidente, il faut un couple ». Ils se sont beaucoup et longtemps aimés. « Renée a toujours eu une petite santé mais elle faisait tout pour me plaire, et moi, j'avais de la force pour deux », dit Marcel.

Il se souvient très bien comment « l'Alzémeur » a commencé. « Elle avait fait de la macédoine au déjeuner. Il y en avait pour quinze, on était deux. J'ai rien dit. » Elle ne retrouvait plus ses clés, que depuis quinze ans elle accrochait toujours au même clou, dans le couloir. Elles y étaient, pourtant. Marcel les lui apportait et se taisait encore. Elle piquait de grosses colères pour un rien, reprochait à Marcel de laisser ouvertes des portes qu'il fermait toujours. « Quand elle a commencé à m'insulter, j'en faisais pas cas, je me disais que c'était la malade qui m'insultait, pas ma femme, parce qu'elle ne m'avait jamais traité comme ça. »

En décembre 2002, ils avaient été hospitalisés plusieurs semaines tous les deux. Renée allait de plus en plus mal, Marcel avait beaucoup maigri. Mais au début de l'année suivante, faute de lits et de personnel, on avait demandé à Marcel de ramener Renée dans leur pavillon, en lui promettant de chercher une place pour elle dans un établissement spécialisé. Et ce jour-là, comme chaque matin, Marcel avait d'abord servi son bol de chicorée et ses tartines à Renée avant de se préparer son petit déjeuner. « Tu me donnes jamais rien à manger ! » a crié Renée. Marcel s'est tu, il a préparé ses propres tartines et sa chicorée. « Et là, elle m'a insulté. J'ai été envahi par la colère, surtout contre les médecins, qui ne faisaient rien. Alors, je me suis jeté sur elle et j'ai serré. »

Lorsque l'avocat général Jean-Paul Content s'est levé pour prononcer son réquisitoire, Marcel a demandé s'il

— On va d'abord parler de votre vie, monsieur.
— À partir de quand, madame la présidente ?
— Du début.
— Alors c'est loin…

pouvait s'approcher, pour mieux entendre. Il a traversé le prétoire à pas comptés, appuyé au bras de l'huissier, et il s'est assis là, juste au pied de l'accusateur en robe rouge, une main posée en cornet sur l'oreille, une autre sur son gilet de laine. Contre le vieil homme qui avait l'âge d'être son père, l'avocat général a demandé d'une voix voilée la « peine symbolique » d'un an de prison avec sursis. La cour et les jurés l'ont suivi. Juste avant, Marcel leur avait dit : « Je suis un criminel. Chacun pensera ce qu'il voudra. Moi, ma peine, c'est de vivre. »

***

Il se prénomme Marcel, lui aussi. Ses 93 ans font de lui le plus vieil accusé de France, lorsqu'il comparaît pour meurtre, en mars 2014, devant la cour d'assises de la Marne, à Reims.

Le président a d'abord voulu s'assurer que son Sonotone était bien réglé et qu'il avait des piles de rechange dans la trousse de toilette en plastique bleu qu'il tenait à la main.

— Vous m'entendez ?

— Je vous entends causer mais je comprends rien à ce que vous dites.

Encadré par deux policiers bonhommes qui semblaient surtout veiller à ce qu'il ne chancelle pas, il s'est avancé jusqu'au pupitre de la cour et a penché son visage vers celui du président.

— Ça va mieux comme ça ?

— Oui, oui.

Le corps de Nicole, de dix ans sa cadette, a été retrouvé roué de coups un matin de décembre 2011, immergé dans le ruisseau qui traversait sa villa. Avant ce jour, la longue vie de Marcel Guillot tenait dans un petit paquet de mots. L'école jusqu'à 11 ans, l'entrée en apprentissage d'ouvrier peintre à 12, une parenthèse de guerre pendant laquelle il se cache dans le Jura pour échapper au service du travail obligatoire, une vie d'employé vitrier à la SNCF puis d'homme à tout faire dans une clinique d'Aubervilliers, cinquante-sept ans de mariage avec Colette – « Mon épouse, c'était la tête, moi, j'étais les jambes » –, deux fils, un pavillon et un bout de jardin à Bobigny, cinquante ans de fidélité à un camping de l'île d'Oléron où il continuait à poser sa caravane chaque été après son veuvage en 2004.

Nicole était une amie de Colette, elle vivait seule dans une villa devenue trop grande pour elle depuis l'hospitalisation de son mari. Quand elle a demandé à Marcel s'il pouvait venir l'aider, il a accepté d'autant plus volontiers qu'il ressentait depuis longtemps « un petit béguin » pour elle. Les journées s'écoulaient tranquillement – « Je lui beurrais ses tartines, j'étendais son linge, je nourrissais les poules et les lapins, et l'après-midi, on jouait au Scrabble », raconte-t-il – mais le séjour s'est mal terminé. Marcel s'est senti brutalement « éconduit », renvoyé « comme un ballot » par son hôtesse.

Rentré dans son pavillon de Bobigny, il rumine sa rancœur. Et une nuit de décembre, il parcourt au volant de sa voiture les 200 kilomètres qui le séparent de la villa de Nicole, ouvre le volet de la terrasse avec un tournevis, démonte un carreau, monte à l'étage jusqu'à la chambre à coucher. La suite est racontée par le médecin légiste. Le corps de la vieille dame porte les traces d'une vingtaine de coups d'une « grande violence », elle a la mâchoire, le nez et l'avant-bras fracturés et des traces de strangulation sont visibles sur son cou. Des projections de sang sont retrouvées sur les murs de la chambre et sur le palier. D'autres jonchent les escaliers, la terrasse et le jardin, jusqu'au ruisseau où le corps a roulé.

Cinq mois plus tard, alors qu'il vient d'installer sa caravane au camping d'Oléron, Marcel est arrêté par les gendarmes. Sa montre et son ADN ont été retrouvés dans la villa. Il avoue qu'il a voulu « mettre une rompée » à celle qui l'avait humilié.

Le président, Patrice Bresciani, se tourne vers l'accusé.

— Nicole, vous l'aimiez bien ?

— Oui, c'était une bonne amie.

— Vous aviez des… sentiments pour elle ?

Il ne prononce pas le mot « désir » mais, dans la salle d'audience, chacun traduit.

Marcel hausse les épaules.

— Oh, je voulais pas me marier. J'aime autant vivre seul. Mais on a toujours été bien ensemble.

Doucement, le président l'amène à évoquer ce moment où il s'est senti éconduit.

— Je voulais savoir pourquoi elle avait fait ça, répète obstinément Marcel.

Il ajoute, un ton plus bas :

— Enfin, j'ai ma petite idée…

— C'est quoi votre idée ?

Marcel hésite.

— Ben, je peux pas trop dire. C'est peut-être pas ça…

Il dit quand même. Évoque une scène d'intimité un matin, dans la salle de bains de la villa.

— J'ai voulu la caresser un peu, c'est tout. Moi, j'avais pensé…

Il s'interrompt. Le président n'insiste pas.

Vite, très vite, une très jeune avocate générale requiert dix-huit ans de prison contre Marcel. La cour et les jurés en prononcent dix. Marcel n'entend pas. Son avocat le lui répète à l'oreille. « Oh, dans dix ans, je serai mort ! » s'exclame-t-il. Face à Marcel, même la cour d'assises, ce lieu sans pudeur, renâcle à s'engager sur le chemin tabou de l'intimité des personnes âgées. Au psychiatre qui l'avait examiné en prison, Marcel avait confié : « Après tout, je suis mieux ici qu'en maison de retraite. Au moins, il y a des jeunes. »

Mère(s)

Vilnius, Lituanie, printemps 2004. Le tribunal juge Bertrand Cantat, coupable d'avoir frappé à mort sa compagne Marie Trintignant. Le père de l'actrice, malade de chagrin, n'a pas eu la force de faire le voyage. Sa mère a de la haine pour deux. De ce procès, elle dirige la mise en scène, pose le décor, écrit les dialogues, retouche le scénario. On ne voit qu'elle, on n'entend qu'elle, tout s'ordonne autour d'elle. Elle aspire à être la Mère majuscule.

« Je ne parle pas seulement au nom de Marie, je parle au nom de toutes les futures Marie dans le monde entier. Je pense à toutes les femmes qui, à chaque instant, meurent sous les coups d'un homme. Alors, si cet homme est pardonné, ce serait comme si chaque homme aimant une femme portait en lui une promesse de mort pour elle », dit-elle aux juges.

De l'autre côté de la travée, une femme un peu plus jeune qu'elle semble ne pas entendre ces mots qui crient vengeance. Depuis le début du procès, elle n'a d'yeux que pour son fils, assis dans le box derrière une vitre. Elle est institutrice à la retraite et, avec son mari militaire, elle a élevé trois enfants. Celui-ci est le cadet et sans doute a-t-elle eu du mal, jadis, à accepter son choix de devenir chanteur et musicien. Le temps a passé, le succès est arrivé, peut-être ne comprenait-elle pas tout, cette mère, mais ça ne l'empêchait sûrement pas d'être fière de son fils. Elle avait dû s'inquiéter, tout de même, lorsqu'il lui avait annoncé qu'il se séparait de sa femme juste après la naissance de son deuxième enfant, pour vivre une folle passion avec une actrice. Mais des soucis comme ça, bien des mères en ont. Et puis, un jour de juillet 2003, son fils est devenu le « meurtrier », comme dit l'autre mère, celle d'en face.

Elle, elle a pris sa valise, fermé les volets de son pavillon et s'est envolée avec son mari vers ce pays d'Europe de l'Est qu'elle ne connaissait pas et où son fils était incarcéré. Elle y a vécu pendant près d'un an. Le soir, elle cuisinait. Chaque matin, elle glissait dans son sac le petit plat qu'elle avait préparé, se rendait au parloir de la prison et n'en partait que lorsqu'elle s'était assurée que son fils avait bien mangé. En France, l'autre mère n'en finissait pas de parler. Ses mots faisaient la couverture des magazines, l'ouverture des journaux télévisés et remplissaient des livres. Elle, elle se taisait. Qu'aurait-elle pu dire ?

Lorsque le procès a commencé, Vilnius a pris des airs de Festival de Cannes. Pas un angle de rue, pas un arbre, pas un porche derrière lequel ne guettait l'objectif d'un appareil photo ou d'une caméra. La mère de Marie savait les affronter, les dompter. Pas elle, qui souvent attendait qu'ils s'éteignent, repus d'images, pour rejoindre sa place, petite souris grise et menue dont on entendait à peine les pas sur le parquet.

Un jour, tandis que l'autre mère était venue répéter, pour les caméras au-dehors, ce qu'elle s'apprêtait à crier au-dedans, on avait aperçu la souris tout occupée à vérifier le contenu d'un sac de supermarché qu'un ami de son fils avait apporté.

— Oh ! c'est bien, tu as pris ces gâteaux-là. Bertrand va être content, ce sont ses préférés...

Elle avait dû avoir les mêmes mots, il y a longtemps, en vérifiant le quatre-heures de son écolier de fils.

L'Amant

Lorsqu'il est entré dans la salle d'audience du palais de justice de Créteil, précédé de l'huissier, il tenait à la main un livre de poche, que l'on devinait destiné à tuer le temps dans la pièce réservée aux témoins. Il a marché d'un pas qu'il voulait ferme jusqu'au prétoire, sans chercher à croiser les yeux rivés sur lui de celle à qui il doit sa présence à la barre de la cour d'assises. Il a été son amant. Elle est jugée pour avoir tenté d'assassiner son mari, qui est là, lui aussi, à quelques pas de la barre.

Il a répondu aux questions pendant plus d'une heure. Des bancs du public, on ne voyait que son dos, qui se tendait de plus en plus sous la veste. Il est chef d'entreprise. Tout en lui dit l'homme aisé, bon vivant, plutôt déterminé dans la vie courante.

Il ne connaît sans doute de la justice que celle que l'on voit dans les films ou lit dans les romans policiers. C'est sa première vraie rencontre avec elle. Il doit avoir à son égard ce mélange assez commun de défiance et de respect.

Dans cette affaire, il n'est coupable de rien. Celle qui est accusée n'a jamais évoqué devant lui son funeste projet. Une fois, deux fois, elle a demandé de l'argent à son amant, qui lui en a prêté. Elle disait qu'elle était endettée, que son mari lui avait coupé les vivres et qu'elle n'avait plus de quoi nourrir les deux enfants qu'elle avait eus d'un premier lit. Il n'avait aucune raison de ne pas la croire et encore moins d'imaginer qu'avec cet argent elle projetait de recruter un tueur à gages. Il ne connaissait l'époux que par le portrait peu flatteur qu'elle lui en faisait et puis, surtout, il l'aimait bien, cette femme. Ils s'étaient croisés dans leur jeunesse et ils s'étaient retrouvés des années plus tard. Chacun avait fait sa vie, avec son lot de bonheurs et de heurts conjugaux. Il était disponible pour une aventure ; elle aussi, ça tombait bien.

Ils ont vécu le meilleur de l'adultère, la légèreté, le désir, les retrouvailles à l'hôtel, les voyages. Il y avait bien eu entre eux quelques moments de tension, comme ce jour où elle avait débarqué au domicile de l'amant sans le prévenir. Il n'avait pas apprécié la surprise et le lui avait dit. Il lui arrivait aussi de la trouver envahissante, avec ses textos enamourés. La lassitude commençait à le gagner, il songeait à prendre ses distances. Mais il ne savait pas trop par où commencer. Elle était tout de même charmante, et gaie, et élégante et disponible. Et tout cela au fond ne regardait qu'eux. Et puis, l'affaire est arrivée.

Évidemment, face à une tentative d'assassinat de mari, la police s'est intéressée à lui, l'amant. Interpellation. Garde à vue. Perquisition. Interrogatoires. Épluchage soigneux du téléphone, des comptes bancaires, de l'agenda. Cela a été très désagréable, mais ce n'était rien encore à côté de ce qui l'attendait devant la cour d'assises.

Le président l'a accueilli avec toute l'autorité et la solennité que lui confèrent son rôle et sa robe rouge. Il lui a d'abord demandé, comme le lui impose la procédure, s'il voulait faire une « déclaration spontanée ». L'amant ne savait pas trop ce que pouvait signifier la « spontanéité » dans un tel lieu. Il a répondu qu'il préférait qu'on lui pose des questions. Le président a voulu qu'il qualifie sa relation avec l'accusée. Il a réfléchi, cherché le mot le plus juste ou le moins faux, et il a dit :

— C'étaient des périodes récréatives.

Il a eu l'air de bien aimer l'expression, le président. Il en a proposé une traduction.

— Un amusement ?

L'amant a fait observer que ce n'était pas tout à fait cela. Qu'il voulait dire qu'ils s'entendaient bien tous les deux, mais qu'il n'envisageait pas pour autant de refaire sa vie avec elle, parce qu'il sortait d'une histoire douloureuse.

Ils ont vécu
le meilleur
de l'adultère,
la légèreté,
le désir,
les retrouvailles
à l'hôtel,
les voyages.

Le président a plongé dans son dossier et en a retiré les notes de leurs séjours communs à l'hôtel. Il s'est éclairci la voix pour lire distinctement les destinations – New York, la Floride – et détailler le montant des factures. Il a dit : « C'est beaucoup d'argent. »

Le témoin n'a pas su quoi répondre. Il ignorait que le prix d'une nuit d'hôtel entre amants était un délit.

Le président l'a alors interrogé sur l'argent qu'il avait prêté à l'accusée. Ça l'étonnait beaucoup, le président, qu'un homme puisse prêter de l'argent à sa maîtresse. Il voulait comprendre pourquoi.

— Ben, parce que je suis généreux…

— Vraiment très généreux, a observé le président.

L'amant a osé répliquer qu'il voyait cela « plutôt comme une qualité ». Le président a soufflé dans le micro puis il a lu les déclarations d'une des parentes de l'amant, recueillies pendant l'enquête. Une lointaine cousine qui disait avoir été « soulagée » quand il lui avait confié vouloir mettre fin à sa relation avec sa maîtresse. Le président accordait beaucoup d'importance à ce témoignage.

— Pourquoi dit-elle qu'elle était soulagée ?

L'amant se demandait sans doute ce que les commérages d'une cousine sur sa vie privée fichaient là, dans une cour d'assises. Et il avait raison. Peut-être même a-t-il songé un instant à le faire remarquer au président.

Il a éludé en se contentant de confirmer qu'en effet il avait eu l'intention de ne pas prolonger cette liaison. Le président a voulu savoir « à quand précisément » remontait cette idée de rupture. L'amant ne s'en souvenait pas « précisément ». Il a tout de même donné une date. Le président a relevé que, des semaines plus tard, il continuait « pourtant » à la voir.

— Oui, de temps en temps.

— Au moins une fois toutes les deux semaines, a corrigé le président. Et il semble que vous veniez à son domicile quand son mari en partait.

Il y avait du reproche dans sa voix.

— Et pourquoi donc ne l'avez-vous pas quittée ?

L'amant aurait préféré ne pas s'appesantir, il devait sentir son regard à elle dans son dos, se dire qu'elle en avait déjà assez sur les épaules comme ça, avec la tentative d'assassinat de son mari qui lui était reprochée. Il n'avait pas envie de l'accabler. Mais le président n'était pas du même avis. Lui, il avait un délibéré à préparer avec les jurés. Et il avait manifestement envie d'engranger tout ce que l'amant pourrait dire de moche sur l'accusée. Celui-ci a hésité un peu et il a murmuré :

— Ce n'est pas si simple.

Il aurait pu comprendre cela, l'homme sous le président. Comme le comprenaient à coup sûr les six jurés qui faisaient face au témoin et le public avide qui l'écoutait. Le président a préféré poser à nouveau sa question. L'amant s'est senti obligé de se justifier.

— C'est que je n'aime pas faire de la peine...

— Mais vous avez déclaré vous-même que ce n'était qu'une récréation...

Le président a laissé les points de suspension résonner quelques secondes dans la salle d'audience et retomber comme une pluie acide sur celle qui était assise au banc des accusés. Puis il a attendu que l'amant ajoute quelque chose.

Par respect, ou par éducation, ou simplement parce qu'il se sentait obligé de remplir le silence, l'amant a glissé que, si l'envie lui était venue de quitter sa maîtresse, c'est parce que, parfois, il la trouvait « *un peu* intrusive ».

Le président a beaucoup aimé cette réponse.

— En effet ! Elle vous a adressé plus de cinq mille textos et messages sur votre téléphone...

L'accusée a soupiré en baissant la tête. L'amant a incliné la sienne.

— Et donc, alors que vous vouliez la quitter, vous la retrouvez encore à l'hôtel à Paris le 12 juin, soit la veille de la tentative d'assassinat dont elle est accusée...

— Mais pour moi c'était un jour ordinaire !

— Bien sûr, bien sûr. Mais maintenant que vous connaissez la suite, qu'en pensez-vous ?

L'amant n'a pas eu le choix de la réponse.

— Avec le recul, évidemment, c'est terrible.

Le président a eu un petit air satisfait. Il a demandé :

— Et à l'hôtel, avez-vous des relations sexuelles avec elle ?

L'amant ne s'y attendait pas, à celle-là. Il a écarté un peu les mains et haussé les épaules. Le silence qui a suivi était plein d'images. Il a sûrement compris l'effet désastreux que pouvait avoir, sur les jurés, le fait qu'à la veille même de son projet d'assassinat, l'accusée ait pu le rejoindre entre les draps.

— À quelle heure vous êtes-vous quittés ?

— Je ne m'en souviens pas précisément. En fin de matinée sans doute.

— Vous avez fait la grasse matinée, a observé le président.

Sa part d'interrogatoire était terminée. L'avocate générale a pris le relais. Elle a posé bien en évidence sur son pupitre le compte rendu de la perquisition au domicile de l'amant. Dans sa salle de bains, précisément. Un tableau, posé dans le coin d'une étagère, au dos duquel les enquêteurs ont relevé un mot manuscrit signé des initiales de sa maîtresse.

Elle les a prononcées à voix haute et feint d'interroger :

— Qui est-ce ?

— C'est elle.

— Vous souvenez-vous de ce qui est écrit ?

Il a bredouillé :

— Euh, un peu. Pas vraiment...

Dans son dos, l'accusée lui a lancé un regard de noyée. Celui du mari était glacé.

L'avocate générale a lu les mots tracés un jour par une amante heureuse et assouvie. Des mots intimes, forcément ridicules, déplacés, obscènes, dès lors qu'ils échappaient à celui-là seul auxquels ils étaient destinés. Et encore plus obscènes lorsqu'ils étaient prononcés là, publiquement, dans une cour d'assises, sans qu'aucun motif légitime ne justifie cette lecture. De gêne et de désarroi, l'amant a détourné les yeux pour ne pas croiser ceux de la cour et des jurés. L'avocate générale les a cités une deuxième fois un peu plus tard, pour que personne ne les oublie et surtout pas ceux qui allaient avoir à juger l'accusée.

La défense n'a pas bronché. Le président a annoncé à l'amant que sa déposition était terminée et qu'il pouvait désormais assister à la suite des débats s'il le souhaitait. Il a repris son livre et il a remonté toute la salle d'audience jusqu'à la sortie en essayant de ne pas se prendre les pieds dans les marches. Il avait l'air perdu.

Il venait de découvrir la laideur des assises lorsque l'on y confond juger avec souiller.

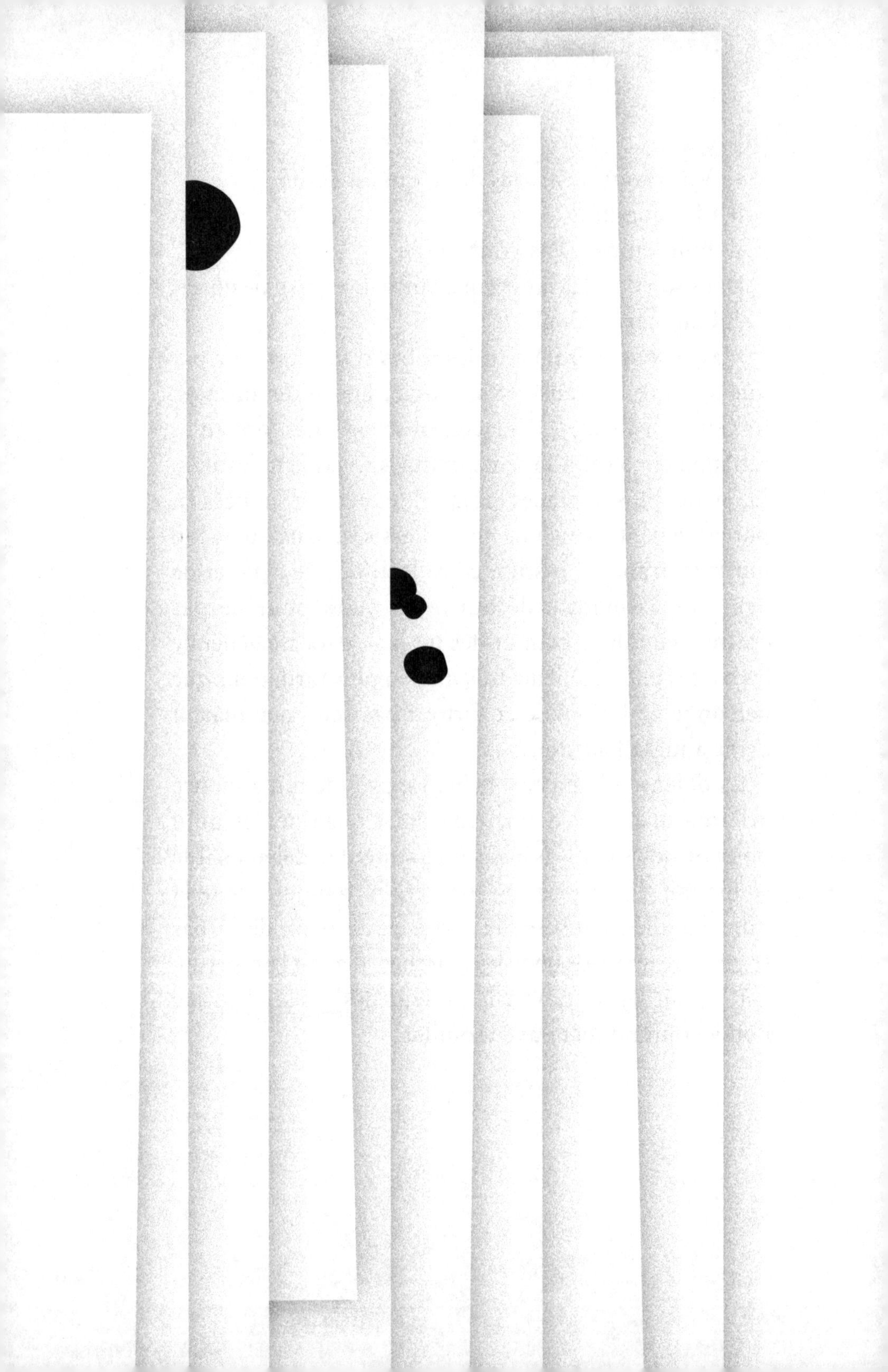

Identification

N'aurions-nous pas, à sa place, fait comme lui ? Cette question se pose toujours, un jour ou l'autre, aux assises. On le regarde et on l'écoute avec attention, assis dans son box, crâneur ou misérable, véhément ou muet, combatif ou résigné. Il est accusé d'avoir tué une femme, un rival, un créancier, une collègue de travail, un voisin, et d'ailleurs il a avoué qu'il avait tué. Il a même participé à une reconstitution lors de laquelle il a mimé les gestes qui ont fait de lui un meurtrier, on a visionné les photographies de l'album, figées, un peu ridicules il faut bien le dire, sur lesquelles une grosse poupée de chiffon ou un gendarme jouent le rôle du mort. Ses problèmes de tous les jours, nous les connaissons, car nous rencontrons, peu ou prou, les mêmes. Ce qui nous échappe, c'est la solution qu'il a imaginée pour résoudre ces problèmes, du moins le plus envahissant d'entre eux. Nous qui manquons d'imagination ou d'intrépidité, nous débrouillons différemment.

L'accusé est
un homme
– plus rarement
une femme –
qui, un beau jour,
s'est dit que
la seule chose
à faire pour rendre
sa vie meilleure
était d'en supprimer
une autre.

L'accusé est un homme – plus rarement une femme – qui, un beau jour, s'est dit que la seule chose à faire pour rendre sa vie meilleure était d'en supprimer une autre. Il y a un peu pensé, puis a chassé cette folie de sa tête, mais elle s'y est réinstallée, y a fait son nid. Peu à peu, l'idée du crime s'est imposée, un scénario s'est élaboré, la main s'est armée.

Il nous ressemble mais il est loin. Le box le tient à distance, tout comme les deux policiers derrière lui, qui se lèvent quand il se lève pour répondre aux questions, s'assoient quand il se rassied, lui passent discrètement les menottes pendant les suspensions. Mais ne peut-on pas le comprendre, tout de même, cet homme qui a donné la mort parce que sa victime l'avait rendu trop malheureux ? N'avons-nous pas, nous aussi, connu des humiliations terribles, des rancœurs monumentales, des chagrins si profonds qu'on les a crus insolubles ? N'avons-nous jamais entendu une petite voix murmurer : « Celui-là, je vais le tuer » ? C'est vrai qu'il a souffert avant de devenir un meurtrier, et qu'à bien des égards il n'est pas foncièrement antipathique. Hier, ses larmes nous ont touchés. Mais aujourd'hui, ses remords nous semblent forcés, des témoins nous l'ont dépeint sous un jour gris. Hier, on aurait bien bu un café avec lui ; aujourd'hui, il nous rebute.

Que ressent-il quand le président lui demande, pour la dernière fois, de se lever à l'heure de la sentence ? Et quand elle tombe, comment fait-il pour tenir sur ses jambes ? Resterions-nous debout en entendant : « Quinze ans de réclusion criminelle » ?

Il y a, dans le procès d'assises, un ultime fossé qui interdit de tout comprendre, parce qu'on ne porte pas en nous le poids du crime.

Maxine

La présidente, Michelle Jouhaud, écarte la pile de dossiers qui attendent d'être jugés ce vendredi 26 novembre 2010 devant le tribunal de Créteil. Des agressions sexuelles sur mineurs, des violences familiales, un abandon de famille. Elle pousse un profond soupir, recule un peu sur son fauteuil, ouvre une chemise pas très épaisse et pose ses deux mains bien à plat sur le bureau. « Affaire n° 11 », dit-elle. S'avance alors une femme vêtue d'une longue jupe grise et d'un gilet sombre, frêle silhouette appuyée au bras de son mari, qui offre aux regards avides de la salle un visage à demi noyé sous ses cheveux noirs.

Le 4 juin, cette mère de famille de 37 ans a oublié la dernière de ses quatre filles dans le fauteuil pour bébé installé à l'arrière de sa voiture. Maxine avait 16 mois. Il faisait chaud, très chaud ce jour-là sur le parking d'Arcueil, situé près de l'entreprise France Télécom où travaillait sa mère. Lorsque les pompiers ont cassé la vitre du véhicule pour en arracher l'enfant, la température de son corps était de 41,3 °C. Ils n'ont pas pu la sauver.

La présidente parle doucement, tout doucement. « Madame, le tribunal a bien conscience que cette affaire est extrêmement douloureuse pour vous et pour votre famille. Il va devoir examiner les circonstances dramatiques dans lesquelles elle est intervenue. Vous pouvez interrompre les débats chaque fois que vous le souhaitez. »

Une porte s'entrouvre sur la vie d'une famille ordinaire. Elle est cadre informatique, il est brigadier de police, ils vivent ensemble depuis dix-huit ans, ils ont accompli leur rêve de famille nombreuse.

Quand Maxine naît, le 21 janvier 2009, « la boucle est bouclée », dit le père. Son prénom renferme les premières syllabes de chacun des prénoms de ses grandes sœurs : Marie, Axelle, Inès. Une muraille symbolique dressée contre l'épreuve qui, depuis quelques mois, bouleverse leur quotidien. Chez l'aînée des enfants, les médecins ont diagnostiqué une leucémie. La famille vit au rythme des espoirs et des rechutes, la fillette fait ce qu'elle peut pour suivre ses cours au collège.

Chaque matin, la mère accompagne en voiture sa deuxième fille à l'école primaire, dépose la troisième devant la maternelle, monte jusqu'à l'appartement de la nourrice qui garde Maxine, reprend sa voiture jusqu'à la gare du RER et rejoint en transports en commun son lieu de travail. Le soir, c'est le père qui récupère les enfants, en attendant son épouse qui rentre souvent tard du bureau.

Son employeur compte sur elle pour prendre de nouvelles responsabilités. « On appelle cela un projet à visibilité haute », dit-elle. Elle décline l'offre, à cause de la maladie de son aînée, et demande à travailler aux quatre cinquièmes. L'employeur n'apprécie pas, sa mission chez France Télécom est brutalement interrompue. « Je l'ai très mal vécu. J'ai pris ça comme une sanction », dit-elle. Le 3 juin, ses collègues ont organisé un pot de départ, on trinque en grignotant des quiches maison, quand son mari la prévient que leur aînée vient d'être conduite aux urgences. À 2 heures du matin, épuisée et inquiète, elle quitte l'hôpital et rentre chez elle.

— Et alors là, madame, on en vient au jour où...

La présidente ne va pas jusqu'au bout de sa phrase.

C'est le mari qui répond.

— Ce matin-là, elle était fatiguée. Elle m'a demandé si je pouvais emmener Maxine chez la nourrice, mais je lui ai dit que je n'avais pas le temps.

Elle raconte à son tour :

— Je suis allée déposer Maxine chez la nourrice. Je me souviens très bien du chemin. J'ai garé la voiture. Je suis sortie pour prendre Maxine. Elle était habillée d'une petite robe d'été, rouge. Elle avait enlevé ses sandales, je les lui ai remises.

En se penchant pour ramasser les chaussures de sa fille, elle a regardé sa montre.

— J'ai vu qu'il était 9 h 36. Et là, je suppose que j'ai refermé la portière et je suis partie au travail.

— Pourquoi, ce jour-là, y allez-vous en voiture ? demande la présidente.

— C'est tellement futile. J'avais encore quelques affaires à récupérer. Et puis on m'avait offert un gros bouquet de fleurs la veille, avec un vase. Dans les transports en commun, c'est encombrant.

Elle poursuit :

— J'ai roulé sur l'autoroute, j'ai dû mettre la radio. Le trajet dure environ une demi-heure. Je n'ai jamais su que Maxine était là. Je me suis garée. J'ai fait une marche arrière. Je ne l'ai pas vue.

Une semaine plus tôt, elle avait changé de côté le fauteuil bébé car la portière de la voiture s'ouvrait difficilement. Elle l'avait installé juste derrière la place du conducteur.

Elle est en train de déjeuner avec ses collègues quand son portable sonne, il est 14 heures. À l'autre bout du fil, la nourrice, qui s'étonne de ne pas avoir de ses nouvelles.

— Elle me demande où est Maxine. Et là, je ne comprends pas. J'ai même pensé qu'elle me faisait une blague.

Ses deux collègues la voient soudain paniquer et quitter la table en criant : « C'est pas vrai, c'est pas vrai ! »

Les pensées se bousculent dans sa tête. Elle réalise qu'elle n'a pas entendu la sonnette de la nounou qui faisait toujours rire Maxine. Que la nounou ne lui a pas dit un petit mot sur la nouvelle robe rouge de Maxine, comme elle n'aurait pas manqué de le faire.

— Ça voulait forcément dire que je l'avais emmenée avec moi.

Elle part en courant jusqu'au parking. Entend des cris. « Mère indigne ! À mort ! »

La suite est racontée par la présidente. La foule autour de la voiture. Les pompiers. La police. La tête toute rouge de Maxine renversée contre l'appuie-tête, la peau cloquée de ses jambes nues. Face au tribunal, mains enlacées, le couple tangue.

Michelle Jouhaud s'accroche au rapport de l'expert psychiatre qui explique savamment « le mécanisme de l'oubli », quand se mêlent fatigue, inquiétudes, tensions professionnelles et affectives. Elle tente autant qu'elle peut d'insister sur la vie quotidienne trop lourde de ce couple, sur les soucis qui le rongeaient, sur la fatigue qui s'accumulait.

Lui :

— Il y a des centaines de milliers de familles qui vivent dans les mêmes conditions que nous.

Le reste est
la banale liturgie
judiciaire.
Réquisitoire
sensible.
Sensiblerie
de la plaidoirie.
Même quand
elle se veut
délicate, la justice
est encombrante.

Elle :

— On m'a expliqué tout cela, ce « mécanisme ». Mais, comment dire… Pour moi, ça ne change rien. Je suis responsable. Mon boulot, c'était de protéger ma fille. Cette conclusion un peu scientifique, pour moi c'est effrayant. Car tout cela, pour une mère qui a eu quatre enfants, qui les voulait, qui se sentait capable de les élever, ce n'est pas acceptable. Alors, oui, d'accord, je n'ai pas voulu la mettre en danger, mais je l'ai fait quand même.

Le reste est la banale liturgie judiciaire. Réquisitoire sensible. Sensiblerie de la plaidoirie. Même quand elle se veut délicate, la justice est encombrante. La présidente le sent, qui après trois quarts d'heure de délibéré, dit très vite :

— Madame, le tribunal vous déclare coupable d'homicide involontaire. Il retient les circonstances d'inattention.

Elle ajoute :

— Le tribunal vous dispense de peine.

À l'instant même où elle les prononce, la présidente mesure, et chacun mesure avec elle, l'absurdité de ces mots.

[illegible]

Le [illegible]

l'instance [illegible]

Max le chat

Finalement, on ne sait pas qui a tué Max. Ce que l'on sait, c'est qu'André a tiré sur Jean parce qu'il était convaincu qu'il avait tiré sur Max. Max, c'est le chat. André était le voisin de Jean. Le premier aimait passionnément son chat. Le deuxième aimait passionnément son jardin. Max, lui, aimait les deux, le pavillon d'André et le jardin de Jean. Un soir de février 2003, Max est sorti de l'un pour aller musarder dans l'autre. Et il en est ressorti « comme un bolide ». André s'est étonné parce qu'en rentrant au pavillon, ce soir-là, « Max n'est pas venu voir son papa comme d'habitude et qu'il a filé à l'étage ».

Debout dans le box des accusés de la cour d'assises de l'Essonne à Évry, devant laquelle il comparaît pour assassinat, André, 73 ans, se souvient parfaitement des jours qui ont suivi. Les yeux mi-clos, le visage aussi blanc que ses cheveux, il raconte Max qui grogne lorsqu'il le caresse et part se cacher sous le lit, Max qu'il emmène chez le vétérinaire, Max qui a du plomb dans l'intestin et qu'on opère d'urgence, Max qui souffre et puis qui meurt. Dix mois plus tard, en fin d'après-midi, le 19 décembre 2003, André a pris son revolver, a traversé l'allée qui menait chez Jean, est entré dans son garage et a tiré quatre balles. Deux ont atteint Jean dans le dos et une troisième a traversé son thorax. Dans le « journal de Max le chat » qu'il rédigeait chaque jour, André a écrit : « L'amour d'un animal vaut mille fois mieux que la vie d'un connard. »

Avec son voisin de pavillon, les relations avaient d'abord été cordiales. Les deux hommes s'entraidaient pour bricoler. Jean, qui était plus jeune, avait même aidé André à « porter des rocailles » pour le muret de son jardin. L'été, pendant que Jean et sa famille partaient en vacances, André et son épouse surveillaient le pavillon et ramassaient le courrier. Peu à peu, l'atmosphère s'était assombrie. La femme de Jean avait oublié de remercier celle d'André pour le courrier. Et puis, Jean avait commencé à se plaindre des chats, surtout de Max.

Lorsque André l'avait adopté, Max était maigre, si maigre qu'il n'arrivait plus à miauler. André lui avait donné son deuxième prénom, il l'appelait « mon fils ». « Ce chat, on avait l'impression qu'il avait envoûté mon mari », a raconté l'épouse devant la cour d'assises. André lui avait aménagé un labyrinthe au sous-sol du pavillon, avec des lampes à infrarouge pour qu'il n'ait pas froid l'hiver, et comme il redoutait qu'il s'ennuie, il était allé lui chercher un copain chat dans un refuge de la SPA.

Quand Max meurt, la vie d'André bascule. Il accroche le plomb extrait du ventre de son chat à une chaîne qu'il porte autour du cou, ne dort plus, mange mal et répète : « Je veux que justice me soit rendue. » Le coupable, il en est sûr, c'est Jean. André écrit au procureur de la République – qui classe sa plainte –, à plus de cent cinquante associations de protection des animaux et même au président de la République. Sa femme s'inquiète, ses deux filles aussi. Elles alertent le maire, qui promet de venir discuter avec André, insistent pour déposer une main courante auprès des gendarmes, qui leur conseillent plutôt d'en parler au médecin de famille parce que, comme dit l'adjudant-chef, « si on devait se déplacer à chaque fois pour des choses pareilles... ».

Le 18 décembre 2003, pour la première fois depuis longtemps, André avait accepté de sortir. Il avait accompagné son épouse au dîner des anciens, offert par la mairie, avait joué au rami et s'était même laissé entraîner à une valse. Le lendemain, il a tiré sur Jean. La cour d'assises de l'Essonne l'a condamné à douze ans de réclusion criminelle. Depuis la fenêtre de sa cellule à Fleury-Mérogis, André voit passer des chats errants. Il écrit à sa juge d'instruction, pour lui demander de faire quelque chose pour eux.

Rendez-vous

C'est une sale affaire de violence et de misère. Une de celles auxquelles on rechigne à s'intéresser parce que tout cela semble trop loin, trop moche et qu'on en a bien assez comme ça. C'est ce que l'on pensait, au début. Comme sans doute les six jurés – quatre femmes, deux hommes – tirés au sort devant la cour d'assises du Nord pour juger Alexandra Lange, 32 ans, qui comparaissait pour le meurtre de son mari, Marcelino.

Un soir de juin 2009, dans la cuisine de leur appartement à Douai, cette mère de quatre enfants a dit à son mari qu'elle voulait le quitter. Il a explosé de fureur, a cherché à l'étrangler, elle a saisi un couteau de cuisine. La plaie dans le cou mesurait 13,5 centimètres de profondeur. Il est mort sur le coup, « dans une mare de sang », dit le procès-verbal des policiers.

Alexandra Lange s'est assise dans le prétoire, le visage légèrement incliné, ses longs cheveux sombres noués sur la nuque, les yeux baissés, les mains posées sur les genoux, et elle n'a plus vraiment bougé.

Dehors, c'était le printemps, le ciel était bleu tendre. Le soleil inondait les murs clairs de la salle d'audience. C'est là, dans cette lumière si blanche, si crue, qu'une cour et des jurés ont plongé dans la nuit d'une femme.

Alexandra avait 17 ans, elle était en première, au lycée, quand elle a rencontré Marcelino, un Gitan sédentarisé, de quatorze ans son aîné. Elle est tombée amoureuse, a claqué la porte de chez sa mère qui ne l'aimait guère et rompu avec son père qui était en colère. Quelques mois plus tard, elle s'est mariée, le premier des quatre enfants est né et Alexandra Lange a renoncé à passer son bac.

Le reste est un long calvaire. Une épouse que l'on viole, frappe, insulte et humilie. Que l'on menace lorsqu'elle murmure des confidences à sa sœur au téléphone ou cherche à voir son père. Que l'on épie quand elle se tente de se confier à l'assistante sociale. Que l'on écrase et engloutit. Au XXIe siècle, dans une ville française, une ombre dans une caverne.

Pendant trois jours, un homme ne l'a pas quittée des yeux. Luc Frémiot est avocat général. Cela fait plus de dix ans qu'il se bat contre les violences conjugales. Qu'il essaie de secouer les consciences. Qu'il tonne à l'audience, bat les estrades, s'invite dans les colloques. Qu'il donne des instructions écrites aux policiers pour transmettre systématiquement au parquet les mains courantes déposées par les femmes, afin de ne pas laisser échapper la moindre chance de briser le silence, d'endiguer la violence dès le premier coup porté. Pour qu'il ne soit pas suivi d'un deuxième, puis d'un troisième, qui fait plus mal, détruit plus profond.

Il l'a regardée, Alexandra Lange, lorsqu'à la barre elle triturait son mouchoir, en répondant d'une voix faible aux questions de la présidente, Catherine Schneider. Lorsque des larmes roulaient sur son visage à l'évocation par les voisins, par les rares amis, ou à travers les dépositions de ses enfants, de ce qu'avait été sa vie. Lorsqu'elle chassait de la main les images qui l'assaillaient, honteuse de devoir expliquer ce que son corps avait subi et qu'elle avait toujours tu.

Luc Frémiot observait tout, aspirait tout. Il a dévisagé aussi ces femmes assises dans le public, dont soudain s'échappait un cri, presque un ordre : « Parle, Alexandra ! parle ! » Il a crucifié du regard cet officier de police judiciaire concédant un « dysfonctionnement » quand on lui a demandé d'expliquer comment et pourquoi son service n'avait pas jugé nécessaire de donner suite à la plainte que voulait déposer Alexandra Lange contre son mari. Elle avait l'œil tuméfié, on lui a conseillé une main courante et on l'a renvoyée chez elle parce que « ça ne saignait pas ».

Quand l'heure du réquisitoire est arrivée, l'avocat général s'est levé. Ou plus justement dit, il s'est jeté.

C’est là,
dans cette lumière
si blanche,
si crue,
qu’une cour
et des jurés
ont plongé
dans la nuit
d’une femme.

Les notes sur le carnet ne disent ni la voix qui enfle et se brise, ni les silences, le souffle qui emporte, les mains tendues qui escortent les paroles jusqu'aux visages concentrés des jurés, le regard suspendu de l'accusée.

« Alexandra Lange, nous avions rendez-vous. C'est un rendez-vous inexorable, qui guette toutes les victimes de violences conjugales. Ce procès vous dépasse parce que derrière vous il y a toutes ces femmes qui vivent la même chose que vous. Qui guettent les ombres de la nuit, le bruit des pas qui leur fait comprendre que c'est l'heure où le danger rentre à la maison. Les enfants qui filent dans la chambre et la mère qui va dans la cuisine, qui fait comme si tout était normal et qui sait que tout à l'heure la violence explosera.

« Elles sont toutes sœurs, ces femmes que personne ne regarde, que personne n'écoute. Parce que, comme on l'a entendu tout au long de cette audience, lorsque la porte est fermée, on ne sait pas ce qui se passe derrière. Mais la vraie question, c'est de savoir si l'on a envie de savoir ce qui se passe. Si l'on a envie d'écouter le bruit des meubles que l'on renverse, des coups qui font mal, des claques qui sonnent et des enfants qui pleurent.

« Ici, dans les cours d'assises, on connaît bien les auteurs des violences conjugales. De leurs victimes, on n'a le plus souvent qu'une image, celle d'un corps de femme sur une table d'autopsie. Aujourd'hui, dans cette affaire, nous sommes au pied du mur, nous allons devoir décider.

« Mon devoir est de rappeler que l'on n'a pas le droit de tuer. Mais je ne peux pas parler de ce geste homicide sans évoquer ces mots des enfants : "Papa est mort, on ne sera plus frappés." "Papa, il était méchant." "Avec nous, il se comportait mal, mais c'était rien comparé à ce qu'il faisait à maman."

« On n'a pas le droit de tuer, mais on n'a pas le droit de violer non plus. D'emprisonner une femme et des enfants dans un caveau de souffrances et de douleur.

« Je sais la question que vous vous posez. "Mais pourquoi Alexandra Lange n'est-elle pas partie avec ses enfants sous le bras ?" Cette question est celle d'hommes et de femmes de l'extérieur, qui regardent une situation qu'ils ne comprennent pas et qui se disent : "Mais moi, je serais parti !" En êtes-vous si sûr ?

« Ce que vivent ces femmes, ce qu'a vécu Alexandra Lange, c'est la terreur, l'angoisse, le pouvoir de quelqu'un qui vous coupe le souffle, vous enlève tout courage. C'est sortir faire les courses pendant cinq minutes parce que celui qui vous envoie a calculé exactement le temps qu'il vous faut pour aller lui acheter ses bouteilles de bière. Et c'est à cette femme-là que l'on voudrait demander pourquoi elle est restée ?

« Mais c'est la guerre que vous avez vécue, madame, la guerre dans votre corps, dans votre cœur !

« Et vous, les jurés, vous ne pouvez pas la juger sans savoir les blessures béantes qu'elle a en elle. C'est cela être juge, c'est être capable de se mettre à la place des autres.

« Alexandra, il suffit de l'écouter, de la regarder. De voir son visage ravagé. Mais un visage qui change dès qu'elle parle de ses enfants. On a beaucoup dit d'elle qu'elle était "passive". Alors que c'est une combattante, cette femme ! Ses enfants, elle leur a tenu la tête hors de l'eau, hors du gouffre. Il n'y a pas beaucoup d'amour dans ce dossier, mais il y a le sien pour ses enfants, et ça suffit à tout transfigurer. Ils ont 13, 11, 8 et 6 ans aujourd'hui, ils vous aiment, ils seront votre revanche.

« Nous, la question que nous devons nous poser, c'est: "De quoi êtes-vous responsable, Alexandra Lange ?" Quelle serait la crédibilité, la légitimité de l'avocat de la société qui viendrait vous demander la condamnation d'une accusée, s'il oubliait que la société n'a pas su la protéger ?

« Alors, je vais parler de légitime défense. Est-ce qu'au moment des faits Alexandra Lange a pu penser qu'elle était en danger de mort ? Est-ce qu'en fonction de tout ce qu'elle a vécu, subi, elle a pu imaginer que, ce soir-là, Marcelino allait la tuer ? Mais bien sûr ! Cela fait des années que ça dure. Alexandra a toujours été seule. Aujourd'hui, je ne veux pas la laisser seule. C'est l'avocat de la société qui vous le dit : vous n'avez rien à faire dans une cour d'assises, madame. Acquittez-la ! »

Vendredi 23 mars 2012, six jurés – responsable de paie, retraitée, techniciens, ingénieur, assistante d'achat – et trois magistrats professionnels l'ont écouté. Et d'une sale affaire de violence et de misère, si loin, si moche, ils ont fait un moment de justice, si grand, si proche.

Blessures

La mine sombre du vieux Pierre aurait dû l'alerter, ce dimanche 31 juillet 2005. Comme chaque été, l'écrivain Pierre Jourde venait d'arriver avec sa femme et ses trois enfants au village de Lussaud, dans le Cantal. Lussaud, le berceau des Jourde, vingt habitants, cinq familles. Avant de rejoindre la maison paternelle, il est passé embrasser les Laporte. Quarante-huit ans que, de père en fils, ils sont les fermiers de la famille Jourde. Ils ont parlé un peu. Et puis le vieux fermier a murmuré :

— T'aurais pas dû écrire que c'était un pays de merde.

Pierre Jourde a voulu expliquer :

— J'ai pas dit que c'était « un pays de merde », Pierre. J'ai dit que c'était « le pays de la merde ». Et je l'aime, cette merde, tu le sais.

Pierre Jourde a bien senti que ses mots ne passaient pas. Mais il a pensé qu'il y reviendrait, qu'il expliquerait mieux son livre, *Pays perdu*, et que tous comprendraient l'attachement dont il témoigne pour cette terre et pour ceux qui l'habitent. De Lussaud, Pierre Jourde connaît chaque toit, chaque nom sur le marbre du cimetière où il veut un jour voir graver le sien, à côté de celui de son père, des cousins Joseph ou Léon, de Berthe et de Léontine. Une nuit qu'il assistait avec tout le village à la veillée autour du lit de Lucie, morte à 12 ans d'une leucémie, il avait décidé de raconter ce « pays perdu, où l'on n'arrive qu'en s'égarant », ces fermes « qui sentent le lait suri et les étoffes moisies », ces vieux buffets d'où l'on sortait des « verres protocolaires » que « des araignées confiantes avaient emmaillotés » et ces histoires de famille qui ne se racontent qu'en chuchotant. À Paris, la critique avait salué son livre auquel on trouvait des accents de Gracq ou de Giono. Mais à Lussaud, où quelques exemplaires de *Pays perdu* avaient pris place sur le comptoir de l'épicerie « qui vend de tout, du fromage et des caleçons », la colère était montée, l'humiliation aussi, quand sous les prénoms modifiés des héros, on avait reconnu un père, une mère, un cousin.

Alors qu'il était en train d'ouvrir la porte de son garage, Pierre Jourde a vu arriver à sa hauteur la voiture de Monique et Sylvie, puis celle de Paul, qui a fait mine de lui foncer dessus avant de sortir, un bâton à la main, pour le frapper. D'autres encore se sont approchés, avec le même air mauvais, les insultes ont jailli. Pierre Jourde a pris peur et s'est enfui au volant de sa voiture avec sa compagne et ses enfants, dont le petit dernier, âgé de

15 mois, hurlait, terrorisé par les jets de pierre contre le pare-brise.

Deux ans ont passé lorsqu'ils se revoient pour la première fois, devant le tribunal d'Aurillac. Deux ans pendant lesquels la rage des uns et la peur de l'autre, loin de s'estomper, se sont pétrifiées et les dressent face à face, roides d'hostilité, dans la petite salle d'audience où, sur plainte de l'écrivain, les six villageois comparaissent pour « coups et blessures volontaires en réunion, avec préméditation ».

Il y a là le chef, Paul. Lui, on l'avait aperçu à la page 48 de *Pays perdu,* qui décrivait « le peuple d'estropiés et de blessés comme après les grandes guerres » que l'on croise dans les campagnes. Paul, 72 ans, est borgne. Son cou mince s'échappe de la raideur empesée du col de sa chemise neuve, à carreaux blancs et bleus, sous le blouson gris. Sa nuque hâlée, comme toute la moitié inférieure de son visage, contraste avec la pâleur du front et le sommet du crâne dont on devine qu'un demi-siècle de béret les a protégés de la lumière. À côté de Paul, il y a Dominique, le même que Paul, mais en plus jeune et en moins vif. Il y a aussi Jacqueline, la soixantaine lourde et les mots mitraillette. Et encore Christine, aussi massive que silencieusement hostile.

— Ce livre, il était pas bien pour Lussaud, quoi, dit Christine.

— Vous l'avez lu ? demande le président, Alain Venzot.

— Oh ben, pas tout, des extraits.

Le président se tourne vers Dominique.

— Et vous, vous l'avez lu ?

— Un peu. Ma mère, il l'a traitée de « sulfureuse ». Il s'est moqué de notre tas de fumier, aussi.

— Et vous, madame ? demande le président en s'adressant à Jacqueline.

— Moi, il m'a choquée. J'ai ma sœur, elle était handicapée mentale. Il a dit des moqueries dessus. Et puis, j'ai un gendre, il a dit qu'il avait une tête de sanglier et que ma petite fille, elle avait été élevée au cassis dans le biberon. Je peux vous dire, moi, ma petite fille, elle va au collège, en sixième et elle est la première de la classe.

Tout près d'eux, Pierre Jourde a les mains qui tremblent et la voix sourde.

— Tout cela est un immense malentendu, explique-t-il.

Jacqueline ne veut rien savoir. Ce sont eux les victimes et pas lui, affirme-t-elle. « Mais nous, on peut pas s'esspliquer comme lui, passeque lui, il est poète, alors… » Elle admet qu'elle l'a insulté. « Bâtard, connard. » « Mais c'est rien du tout avec toutes les saloperies qu'il a écrites dans le livre, avec tout ce que j'ai pleuré. Alors, le livre, moi je dis qu'il devrait pas être en vente. »

Elle se tourne vers Pierre Jourde :

— T'avais qu'à pas revenir de sitôt !

Ils font tous peine. Eux, avec leur colère profonde, butée. Lui, l'écrivain, avec sa blessure et ses mots trop choisis, qu'il voudrait simples mais qui paraissent glacés. Il croyait être l'un d'eux, sans doute n'en a-t-il jamais été aussi éloigné. Le tribunal d'Aurillac a prononcé des peines d'amende contre les six villageois. L'écrivain a renoncé à retourner dans son *Pays perdu*.

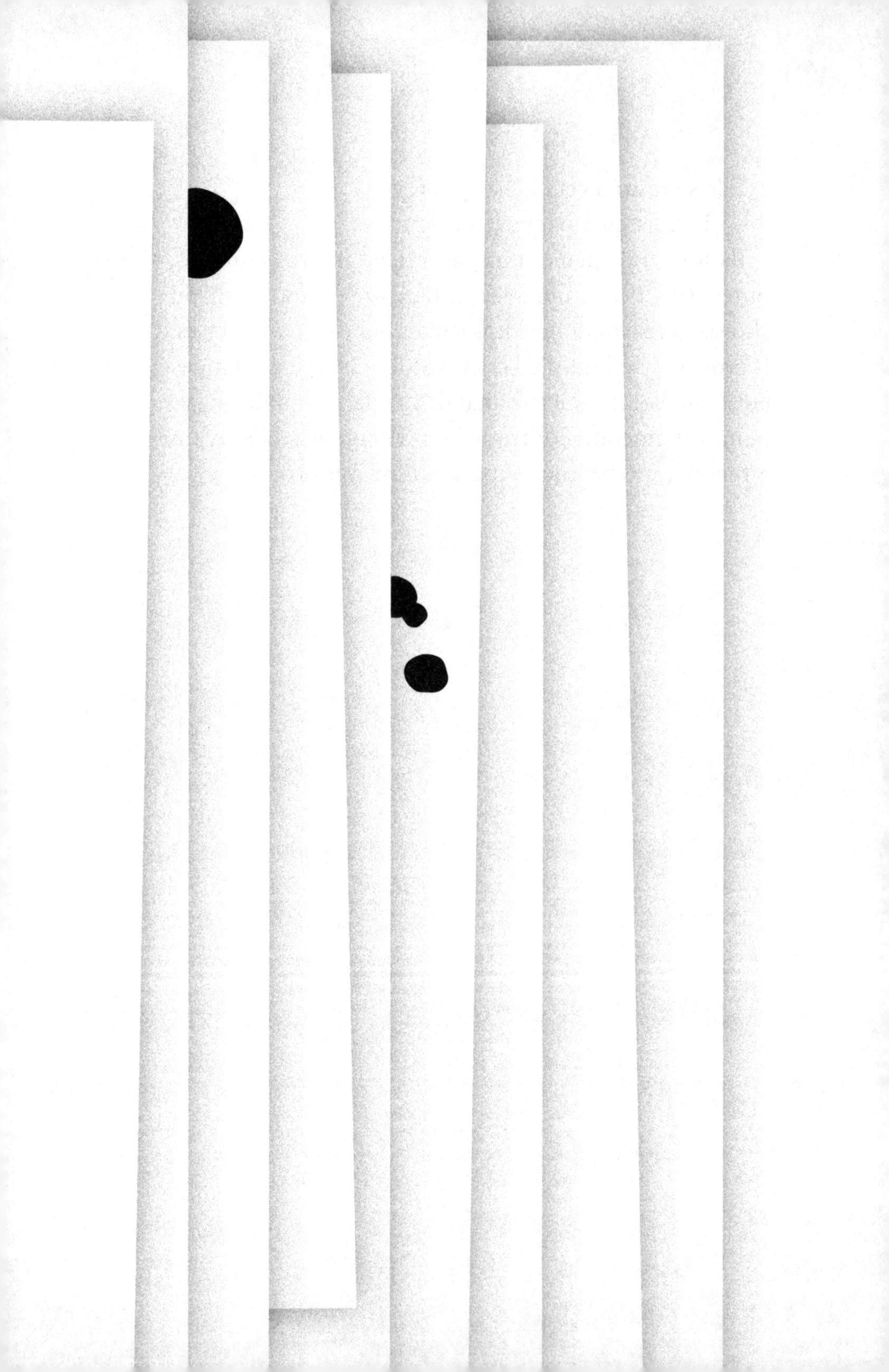

Cicatrices

L'accusé vient d'être condamné pour viol. Le président, Jean-Marie Fayol-Noireterre, fait signe aux gardes de l'emmener. La porte du box se referme et l'avale. Le président ne bouge pas. Il regarde les trois très jeunes filles assises au banc des parties civiles. Il pourrait être leur grand-père. Il semble hésiter à leur parler. On ne doit jamais commenter un verdict qui vient de tomber. Pendant quelques secondes, leur face-à-face est muet. Le président rompt le silence. Sa voix prend un accent sourd qu'on ne lui connaissait pas:

—Mesdemoiselles, la justice vous a reconnues victimes. Vous avez une cicatrice et vous la garderez. Mais vous êtes jeunes, vous avez la vie devant vous. Je voudrais ajouter quelque chose, je crois que mon âge et mes cheveux blancs me le permettent. On peut vivre avec des cicatrices. Vous devez vivre, maintenant.

Gravitation

Tous les familiers des enceintes judiciaires connaissent cette loi particulière de la gravitation qui s'attache aux accusés. Plus l'audience avance, plus ils se tassent et disparaissent dans le box. Lorsque son procès s'ouvre, celui qui comparaît s'est préparé avec son avocat, il attend ce moment depuis des mois, le plus souvent depuis des années. De son dossier, il a identifié les passages difficiles, les étapes décisives, les plateaux tranquilles, les pentes dangereuses, les chemins escarpés comme on le ferait d'une course en montagne. Il est prêt, du moins le croit-il. Son corps le dit qui, une fois passée l'émotion du premier écho de sa voix dans le micro, se tient bien droit face à ceux qui l'interrogent.

Il est encore un mystère.

Les débats avancent et son existence, jusqu'à sa plus profonde intimité, est effeuillée. Devant ses juges, passe encore. Mais aussi devant sa famille, ses amis, ses ennemis, et devant tous ces gens du public qu'il ne connaît pas et auxquels il est livré. De quelque endroit de la salle d'audience, il y aura toujours deux yeux posés sur lui. Dira-t-on assez la violence de ces regards et la bonne conscience avec laquelle on s'y abandonne ? Nulle part ailleurs, on n'oserait fixer un homme avec tant d'impudeur, surtout si les faits dont il est accusé l'ont rendu tristement célèbre. Comment est-ce donc fait, un tueur en série, un grand bandit, un violeur ou un assassin d'enfant ? On cherche au fond de soi l'écho de la peur qu'il a inspirée à ses victimes.

Une ancienne petite amie est interrogée sur ses prouesses sexuelles, un copain s'autorise à faire état de ses confidences un soir de cafard, sa mère raconte qu'à 10 ans il salissait encore son lit la nuit, le psychiatre qui l'a examiné en dit plus qu'il n'en a jamais su sur lui-même. On veut savoir s'il bande dur ou mou, s'il aime trop son père, s'il n'a pas un jour regardé sous les jupes de sa sœur, et aussi si, enfant, il volait des billes.

Plus il est mis à nu et plus il voudrait se dérober à la vue des autres. Du box ne dépassent déjà plus que ses épaules, qui n'en finissent pas de s'arrondir. On voit encore sa tête, elle ne va pas tarder à disparaître à son tour. Sous les mots accusatoires et souvent cruels de l'avocat général pendant son réquisitoire, il ploie davantage et, bientôt, seule une touffe de cheveux signale sa présence. Il faudra attendre les paroles réconfortantes de la plaidoirie de son avocat pour qu'un front, des yeux, une bouche, un menton, un cou, des épaules se redressent et que réapparaisse un homme face à ses pairs qui doivent le juger.

Cavale

Le 4 juillet 2003, au cœur du maquis de Monte Barbatu, Yvan Colonna aperçoit un homme qui le surveille aux jumelles. Dans la bergerie où il a trouvé refuge, il rassemble à la va-vite quelques affaires dans un sac, ressort, perçoit le « clic clac » d'une arme que l'on charge, se met à courir, se retourne, trébuche. Les policiers du RAID l'interpellent. C'est fini. Deux, trois minutes qui mettent un terme à quatre ans de cavale.

Lors de son premier procès devant la cour d'assises de Paris en décembre 2007, où il est jugé pour l'assassinat du préfet Claude Érignac, le président, Dominique Coujard, formule à voix haute la question que tout le monde se pose.

— Dans quel état d'esprit êtes-vous à cet instant-là ?

— À ce moment précis ? Pfff, je m'en rappelle pas. Vous savez, c'était une vie au jour le jour. Là où on m'a trouvé, hein, c'était pas un palace, c'était une sorte de prison.

Le regard d'Yvan Colonna s'échappe là où personne ne peut le suivre.

Dans son sac, les enquêteurs trouveront :

« Un lot de neuf mini-K7, un caméscope, une liasse de vingt billets de 50 euros, dix billets de 50 euros, dix-sept billets de 100 euros, un billet de 5 euros, la photo de deux jeunes enfants, un papier-cadeau contenant des boucles d'oreilles créoles, une trousse d'écolier, une cagoule en coton, une cagoule en acrylique, une couverture de survie, un coussin gonflable, un casque avec micro, deux émetteurs-récepteurs portatifs, un lot de vêtements divers, des affaires de toilette, des papiers rédigés en corse, la photocopie de la photographie d'un village corse, un carnet, une K7 vidéo, une brosse à dents, des CD-Rom et une disquette, un cliché d'échographie, un billet de 100 et trois billets de 50 euros, un fascicule intitulé *Des vitamines contre le cancer*, contenant des photos d'un enfant, un string lie-de-vin, un lot de vingt-deux livres (politique générale, grammaire corse, méthodes pour apprendre le corse et l'espagnol), une boîte à pharmacie dans une boîte à chaussures, deux appareils de musculation, des gants de boxe, une corde à sauter, un baudrier d'escalade, un filet de camouflage, un short, un tee-shirt, un bandana, une casquette, des chaussures de piscine, un bonnet, une montre digitale, deux paires de lunettes, une lampe, deux lecteurs CD, deux paires de gants, une Thermos, une tondeuse électrique, un bout de moquette. »

Quatre ans de vie dans un sac.

Presse judiciaire

À Bernard Le Solleu

Le local de la presse judiciaire se situe, au palais de justice de Paris, à côté de celui du médecin. Il n'y a jamais personne chez le docteur. La porte de la presse judiciaire, au contraire, ne cesse de s'ouvrir et de se fermer, au rythme des suspensions et des horaires de bouclage des journaux. Souvent, une main trop énergique l'envoie cogner contre le mur. Fracas suivi par celui de pas pressés qui montent l'escalier quatre à quatre. Le rez-de-chaussée, à la peinture défraîchie, fait office de vestibule, décoré des antiques (1887) statuts de l'Association confraternelle et mutuelle de la presse judiciaire parisienne, d'un hommage à ceux qui ont été tués à la guerre, d'une photocopieuse et d'un fax débranchés depuis longtemps. À l'étage, on trouve une vaste pièce qu'occupent les bureaux des *agenciers*, patinés par cent trente ans de dépêches, des cabines insonorisées pour les chroniqueurs radio, et une petite pièce, au fond, garnie de dessins d'audience de la haute époque – l'affaire Dreyfus. Il y a des livres que personne n'ouvre jamais ; des registres qui ont été tenus à la plume puis au stylo-bille pendant les assemblées générales, depuis la première réunion ; des placards au contenu mystérieux ; une lampe halogène hors d'état ; une fenêtre qui ne ferme plus tout à fait ; des classeurs en carton vert sombre, dans lesquels on ne classe plus rien ; des bouteilles parfois pleines, souvent vides ; un petit réfrigérateur ; une sorte de cabinet de toilette biscornu, avec un lavabo et de la paperasse ; et les fantômes des grands anciens, Alexandre Millerand et Raymond Poincaré, avocats devenus présidents de la République, Frédéric Pottecher et Jean-Marc Théolleyre, les modèles.

Cela sent comme dans les écoles d'autrefois, le bois, l'encre et le papier. Cela respire l'excitation qui suit l'audience, quand il faut se hâter vers la petite pièce du fond, s'asseoir sur un siège déglingué, écrire très vite un article attendu au journal. Les murs ont gardé la mémoire des grandes affaires telles que les chroniqueurs les ont racontées, du chahut des querelles confraternelles, des assauts de camaraderie, des chagrins partagés quand la mort fauche un camarade d'assises.

Comparution immédiate

Cela se passe à Évry. Sept jeunes hommes d'Athis-Mons, renvoyés en comparution immédiate pour des violences commises dans la commune limitrophe de Juvisy-sur-Orge. Une opération de représailles après une descente en sens inverse d'une bande de Juvisy. Plusieurs dizaines d'individus armés de bâtons et de machettes ont fondu sur un quartier tranquille, vandalisé des voitures, terrorisé les habitants. Surtout, croyant surprendre le chef de leurs rivaux chez lui, ils ont forcé la porte d'un appartement avant de le saccager, sous les yeux de son occupant, un père de famille qui tenait dans ses bras un bébé de 16 mois. Le malheureux n'avait rien à voir avec ce règlement de comptes.

L'audience démarre à 10 h 15. Les prévenus, dont quatre sont détenus, bafouillent des explications sans queue ni tête pour justifier leur présence à Juvisy au moment des faits – la routine des comparutions immédiates. Leur participation au raid ne fait guère de doute, mais ont-ils brisé des pare-brise, ont-ils mis la main à la

La salle frémit,
elle redoute
le cachot
pour ceux
qu'elle est
venue soutenir.

dévastation de l'appartement, se sont-ils seulement joints à la colonne vengeresse pour « faire masse » ? Impossible de le déterminer. Il apparaît que ces sept garçons n'ont pas le profil habituel des délinquants qui peuplent les bancs de correctionnelle en banlieue parisienne : ils vivent – à l'exception d'un seul – au sein de foyers unis et respectables, suivent des études, gagnent un peu d'argent en effectuant des petits boulots... Aucun n'a de casier judiciaire, aucun ne s'enrichit en vendant du cannabis, aucun n'a été placé en garde à vue avant la folie de Juvisy. Le père de l'un est professeur d'histoire dans un lycée, toute la famille fréquente l'église évangélique du quartier.

Arrive le moment du réquisitoire. Il est 16 h 30. Le procureur, Jean-Michel Bourlès, ressemble à un procureur classique ; il a, lors des débats, systématiquement démoli les arguments des prévenus, qu'il toise avec ironie, et entame son propos sur une référence à *Orange mécanique*. Il rappelle que, bien qu'aucun blessé ne soit à déplorer, les victimes restent traumatisées, que les analyses d'ADN ont coûté 10 000 euros à la justice. Bref, on s'attend à des réquisitions très lourdes.

— Alors, messieurs ? demande le procureur au bout d'une petite heure de martinet.

C'est à cet instant qu'il prend son monde à contrepied :

— Vous avez des parcours similaires, vous n'êtes pas défavorablement connus des services de police, vous suivez tous, à quelques bémols près, une scolarité, certains de vous travaillent. Le tribunal va devoir prononcer des sanctions qui aient un sens pour vous, pour les victimes, pour la société. Ce que je vais réclamer va très certainement surprendre, et sachez que j'adopterais une tout autre approche si vous aviez un casier judiciaire. Vous allez en avoir un, ce qui aura des incidences : elle est déjà là, la sanction. Vous avez traumatisé une ville, le plus utile serait de réparer ce traumatisme. D'aucuns diront : « Des gens comme ça, ce sont des parasites de la société, il faut les envoyer en prison. » Eh bien je ne le crois pas. Je vais jouer la carotte et le bâton ; votre vie vous appartient, à vous de faire les bons choix.

Il requiert dix-huit mois de prison avec un sursis assorti de deux cents heures de travaux d'intérêt général, ainsi que l'indemnisation des victimes et de l'État.

Le tribunal part délibérer vers 19 heures, et revient moins d'une heure plus tard. La salle est bondée, pleine d'amis et de proches des prévenus. De nombreux policiers, en tenue ou en civil – ces derniers sont encore plus reconnaissables que leurs collègues en uniforme –, ont pris place. La présidente, Catherine Feyler-Sapen :

— Je souhaite vous expliquer notre décision. Vous êtes déclarés coupables de tous les faits pour lesquels vous êtes poursuivis.

La salle frémit, elle redoute le cachot pour ceux qu'elle est venue soutenir. La présidente reprend :

— Quelle est la juste peine ? Les faits sont extrêmement graves, les dégâts, inacceptables. En même temps, vous êtes des jeunes gens plutôt insérés, vous n'avez pas de casier. Certains ont fait l'expérience de la détention provisoire. Notre première réponse à votre comportement violent aurait pu être une réponse violente : Fleury-Mérogis. Mais ce n'est pas le choix que nous avons fait. Nous avons opté pour les travaux d'intérêt général, afin de vous obliger à réparer. Mais attention ! Il vous faudra montrer patte blanche, vous rendre prochainement à la convocation du juge d'application des peines, sans quoi, ce sera l'incarcération, immédiatement. Vous êtes condamnés à douze mois de prison avec sursis, cent soixante-quinze heures, soit cinq semaines, de travaux d'intérêt général ; vous devrez, solidairement, indemniser les victimes et le Trésor public, et suivre une formation ou trouver un travail, c'est obligatoire. L'audience est levée.

On parle souvent de justice d'abattage pour évoquer les comparutions immédiates. On a souvent raison. Ce soir-là, exceptionnellement, tout le monde est reparti d'Évry le cœur léger. La justice a montré le meilleur d'elle-même, en mettant sept jeunes hommes en demeure de se montrer à la hauteur de leur procureur et de leurs juges.

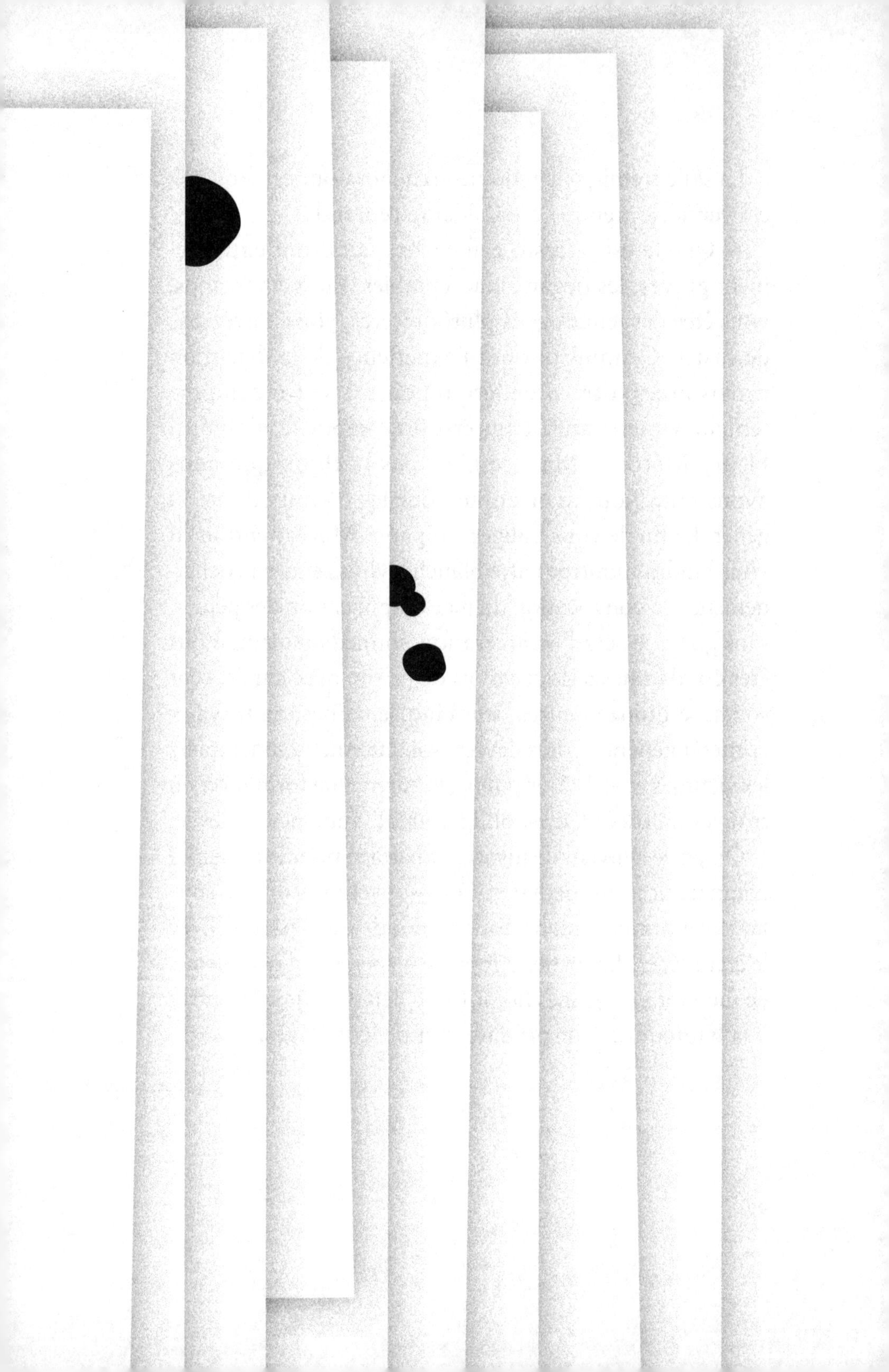

Experts

Il a tué un couple et leurs trois enfants dans leur chalet de Haute-Savoie. Il a chargé les corps dans sa voiture, a roulé loin dans la montagne. A allumé un brasier et les a regardés brûler. Est revenu au chalet, a lavé, balayé, épongé. A précipité sa voiture dans un ravin après l'avoir carbonisée. Crime parfait, croyait-il. Quatre ans plus tard, David Hotyat comparaît devant la cour d'assises de Haute-Savoie pour ce quintuple assassinat. Tout ce que la justice criminelle compte d'experts défile à la barre. De chaque trace de sang trouvée sur les lieux, on a identifié l'origine génétique. De chaque fragment dentaire recueilli entre les lames du parquet, on sait la mâchoire qui les portait. Des multiples ossements ratissés sur les lieux de la crémation, on a reconstitué les squelettes auxquels ils appartenaient. Sous leurs mots cliniques, le massacre d'une famille devient un ensemble de points, de courbes, de schémas, de trajectoires et de savants calculs projetés sur grand écran.

L'expert en morphoanalyse, chargé d'analyser les trajectoires des projections de sang sur les murs, révélées par le Bluestar – ce réactif utilisé dans les enquêtes

Sous leurs
mots cliniques,
le massacre
d’une famille
devient
un ensemble
de points,
de courbes,
de schémas,
de trajectoires
et de savants
calculs projetés
sur grand écran.

criminelles qui fait apparaître les traces effacées ou invisibles à l'œil nu –, reconstitue la violence des coups portés sur les victimes.

— L'angle que je définis par alpha dans ce ratio est ovoïdal, j'espère que je me fais comprendre.

L'expert en génétique décrit les ADN mêlés des taches de sang qui disent les chocs et la lutte des corps. L'expert en médecine légale confirme l'origine humaine des ossements qu'on lui a confiés :

— Des vertèbres, essentiellement. Des morceaux de sacrum et des fragments plats compatibles avec des os du crâne.

L'expert bucco-dentaire assure que « les fractures retrouvées sur les dents postérieures ne peuvent s'expliquer que par des coups d'une extrême violence portés par un objet contondant ». Un clic sur son ordinateur, gros plan sur une molaire d'enfant brisée.

De l'accusé, on n'aperçoit plus dans le box que le corps recroquevillé sur lui-même, qui se balance mécaniquement, la tête appuyée sur ses poings. Pour tous ceux qui écoutent, ce ne sont que des mots. Pour lui, la « dent lactéale n° 22 », « l'ADN 6 détecté sur le Frigidaire mêlé à l'ADN 9 » sont des images précises, des visages qui le fixent avec horreur, un enfant qui hurle et tente de lui échapper, un adulte qui se défend, son bras qui se lève et s'abat, des cris, la terreur, puis la mort et le silence.

Éloquence

« L'éloquence ne consiste pas à dire
ce que l'on croit mais à croire
ce que l'on dit. »

Jacques Charpentier,
Remarques sur la parole (1944)

Un soir de février 2010, à Paris, tout ce que le barreau compte de grandes voix s'est donné rendez-vous à la première Nuit de l'éloquence, organisée par les élèves avocats. Entre deux orateurs, l'un des convives murmure : « Vous n'avez encore rien entendu. Attendez Marc Bonnant. Son éloquence est comme le secret bancaire suisse, inaccessible. » L'avocat du barreau de Genève est arrivé avec le dessert.

Marc Bonnant porte le deuil de l'éloquence et se console en parlant d'elle. Il maudit les églises, où « plus personne ne tonne l'idée de Dieu depuis qu'en chaire on parle de sociologie, de droits des femmes ou de la couche d'ozone, toutes balivernes du plus haut intérêt », peste contre les assemblées où « nos hommes politiques ignorent totalement l'éloquence, par ce qu'elle suppose la radicalité. On ne peut pas, dans un monde consensuel et infiniment moral, avoir la voix qui cherche à convaincre donc à vaincre ». Il pleure la culture, « cette condition naturelle de l'orateur », et sa « mécanique vivante, la lecture ». Alors, le barreau ? « C'est probablement le dernier lieu où l'éloquence se cultive encore un peu. Parce qu'on y célèbre Éris, la déesse de la Discorde. Parce que l'on ne s'y caresse pas mais que l'on s'y entre-tue. »

Les formules fusent, la voix s'amuse. « Quand j'étais jeune, on disait de moi que je parlais comme un livre. Avant de m'en réjouir, je demandais qui était l'auteur », ou encore : « On a dit très tôt de moi que j'étais arrogant. Je me suis beaucoup humanisé, la médiocrité d'autrui m'a corrompu. » Marc Bonnant jongle, s'éloigne, feint de se perdre, digresse – « la digression, c'est comme l'adultère, les départs sont aisés, les retours sont complexes » –, noie son auditoire sous les mots rares et les références savantes, l'enivre sans se griser lui-même, puis se pose d'un trait déclenchant une longue ovation de toute la salle debout, en hommage au vertige fugace qu'il lui a donné. En ouvrant la soirée, Mario Stasi l'avait rappelé à ses jeunes confrères : « Le poète laisse des vers, l'écrivain des livres, l'ingénieur des rails. D'une vie d'avocat, il ne reste rien. »

Folie

« Je m'appelle Stéphane Moitoiret, je suis né le 22 juin 1969 à Creil, dans l'Oise, je n'ai pas tué le petit Valentin. Je suis le dernier de la famille, j'ai deux sœurs. Mon père était à l'origine chaudronnier hautement qualifié, mais il créait des inventions pour colmater les os cassés des mains. Il est mort d'un cancer. Quand il était à l'hôpital, j'étais le seul à aller le voir.

« Je ne me suis pas fâché avec ma famille. C'était assez spécial, on ne se parlait pas beaucoup. Ce que j'aimais, c'était prendre des bains, avec des bougies tout autour. Quelquefois, l'eau débordait, je me faisais disputer. À un moment, je n'ai plus voulu voir ma famille. C'est pour ça que je suis parti, quand j'avais 17 ou 18 ans. J'avais arrêté mes études en sixième, après, j'ai fait des apprentissages en boulangerie-pâtisserie. Je n'ai pas eu le CAP.

« J'ai travaillé un peu dans des boulangeries, à Pont-Sainte-Maxence, mais ils ne voulaient pas embaucher d'employés. J'ai aussi travaillé à Paris, à la cantine des PTT, mais ils ne m'ont pas gardé, je n'ai pas eu de chance.

« Je n'ai pas fait mon service militaire, je n'aimais pas l'armée, ni les armes. J'avais commencé mes voyages avec Noëlla, de toute façon. Deux gendarmes nous ont vus, comme par hasard, comme si on les avait prévenus. J'étais suivi par des avions de chasse. Après j'ai été réformé, je ne sais pas pour quelle raison, ils ont mis ce qu'ils ont voulu. En fait ils m'ont réformé soi-disant P4, ils ont bâclé l'affaire.

« J'avais rencontré Noëlla dans un café, au moment où je partais de Pont-Sainte-Maxence, j'avais 19 ans. Elle tirait les cartes, il s'est passé une chose, ça va vous paraître bizarre, pas un truc grave, une chose qui ne correspond pas à ce qui a été écrit. Je suis parti dans sa famille. On a eu un enfant, une fille, qu'on n'a pas eu le temps de connaître, malheureusement. Quand Noëlla a accouché, à Cambrai, les gens ont décidé qu'on ne pouvait pas la garder, ils ont préféré faire une adoption secrète. J'aurais bien aimé l'élever, moi, on avait acheté beaucoup d'affaires, dépensé beaucoup d'argent, c'est resté en plan. J'ai beaucoup de regrets, Noëlla aussi : avoir un enfant, c'était un rêve, mais ce n'était pas évident de se fixer quelque part. Dieu n'a pas décidé que ça devait arriver comme ça pour moi. Dieu ne se trompe pas, il fait zéro erreur, comme Noëlla, que j'appelle Sa Majesté. Quand Dieu nous crée, il le fait par des formules magiques, dans d'autres univers, le corps est une magie. Le corps de la femme crée le clonage du bébé, mais pas son esprit. L'esprit, lui, est dans les spermatozoïdes de l'homme. Chaque personne est équipée d'une boîte grande comme un ordinateur, qui parle. Les formules magiques sont données par Dieu, ce sont les obligations divines. Il existe des obligations divines qui disent qu'il faut sacrifier les innocents. Les gens qui sont créés innocents ont des karmas de misère, on les empêche de faire leurs obligations divines pendant plusieurs milliers d'années. Moi, j'ai été créé innocent, je le sais. Chaque créature est créée avec des milliers de clonages, on a tous un clonage de Belbar en nous, c'est un clonage de tentateur. On a tous aussi un clonage de Jésus-Christ et de Bouddha. Les gendarmes ont voulu me faire cracher le morceau, j'ai dit des choses que je n'avais pas envie de dire. Je ne suis pas d'accord avec tout ce qui se passe maintenant. Ces questions que vous me posez, on me les a déjà posées plein de fois, j'en ai assez de répondre. Je n'ai pas tué le petit Valentin.

« Avec Sa Majesté, on a fait des voyages, mais je préfère ne pas trop en parler. Je m'occupais de ces voyages avec les cartes routières, c'était mon boulot, je faisais de l'auto-stop pour nous deux. On avait aussi le

« On dit que
mon sang a été
retrouvé sur l'enfant
Valentin.
Mais ce n'est pas
moi qui ai fait ça.
C'est peut-être
mon clone. »

chat en laisse. Souvent, on dormait dans des églises, ou les locaux des paroisses que les gens nous prêtaient. On est allé une fois au Vatican, il y a des chambres individuelles pour les couples, on a connu le pape Jean Paul II, on a discuté avec lui. Un jour, j'ai parlé avec un homme et une femme – ça remonte à plusieurs milliers d'années. Ils me disaient ce qui allait m'arriver, mon destin. Ils m'ont dit qu'un jour je me retrouverais en prison, que j'aurais des problèmes avec la mort d'un enfant qui s'appellerait Valentin. Je ne sais pas si les gens peuvent me comprendre ici, ça dépend de leur ouverture d'esprit. Si on avait expliqué dans un tribunal de Gaulois qu'un jour il y aurait des télévisions et Internet, tout le monde dirait qu'on est fou. Je vous demande de vous mettre à ma place, vous me répondez que c'est difficile, mais il faut essayer, vous verrez. Je ne suis pas fou. Je ne suis pas malade. Je n'ai pas besoin qu'on me soigne. Je n'ai pas tué le petit Valentin.

« Sa Majesté et moi, on était en mission divine, on faisait des circuits-missions depuis perpète pour débloquer les accords de finances internationaux. C'est Sa Majesté qui m'a engagé. Elle prenait les décisions à l'échelle internationale. J'exécutais ses ordres, ses souhaits, on remettait en route le fonctionnement du monde. Dans le contrat, j'avais droit à une carte Visa mais cela ne s'est pas fait car Nicolas Sarkozy n'a pas respecté les accords. Sa Majesté est une incarnation de Dieu sur terre, une divinité. Moi, j'ai un certain niveau d'élévation spirituelle. J'ai aussi le titre de roi d'Australie. Je suis le directeur du CRI, le Centre de recherches internationales. Je peux faire arrêter les gens qui bloquent les systèmes en place. Je peux intervenir contre les commandos qui cherchent à nuire. Je suis général major supérieur de la Légion française en boîte à vœux. C'est difficile de parler avec vous car vous n'êtes pas dans les boîtes à vœux.

« Un soir, je me suis disputé avec Sa Majesté, les choses n'allaient plus comme avant. J'ai pensé qu'il faudrait faire un retour en arrière, qui est une magie, pour que tout se remette en ordre. Le retour en arrière peut se faire en automatique, ou pas, ça dépend. Je ne suis pas responsable de ce qui s'est passé. On dit que mon sang a été retrouvé sur l'enfant Valentin, qu'on me voit courir dans le village sur un film tourné par une caméra, mais ce n'est pas moi qui ai fait ça. C'est peut-être mon clone. Vous le demandez si je sais ce que c'est que l'ADN; j'ai 250 milliards de frères jumeaux, c'est vrai, mais je ne veux pas revenir là-dessus. Je sais que Valentin a souffert, qu'il est mort atrocement à cause de coups de couteau mais combien, ça je ne sais pas, je n'ai pas compté, je ne suis pas responsable. Je pense que quand on meurt, on réincarne. Inutile d'insister, ce n'est pas moi. Tout ça parce que je n'ai pas réussi à faire mes obligations divines ; c'est comme un bateau qui se remplit, il faut toujours écoper. Je n'ai pas su écoper. Personnellement, je pense que je ne mérite pas ce destin-là. *(Fixant l'avocat général)* Vous pouvez un jour tuer quelqu'un, il ne faut jamais jurer de rien. Aujourd'hui c'est moi, demain peut-être vous. Je ne veux pas endosser ça, je ne le mérite pas.

« Je sais que mon avocat est réputé, mais je trouve qu'il a des défaillances. Ce n'est pas une ceinture noire, plutôt une ceinture jaune. Je ne suis pas malade, s'il continue à dire ça, je vais changer d'avocat. En prison, je fais des prières à Dieu, je me rappelle beaucoup, maintenant, mes vies antérieures. Je lis *Le Seigneur des anneaux*, je trouve ça magnifique. »

* * *

Stéphane Moitoiret a été condamné à trente ans de réclusion criminelle pour le meurtre de Valentin, 11 ans,
tué de quarante-quatre coups de couteau le 10 juillet 2008, dans un bourg de l'Ain. Les dix experts missionnés par la justice ont, majoritairement, estimé que son discernement n'était pas aboli par une maladie psychiatrique au moment des faits. Les propos ci-dessus ont tous été tenus par Stéphane Moitoiret lors de sa garde à vue filmée ou au cours de ses deux procès devant les assises de l'Ain puis, en appel, du Rhône.

Ce qui frappe d'abord, c'est la pureté des traits. Debout dans le box, le jeune homme est beau. Il a l'air intelligent. Étonnamment calme. On pense à la chanson de Barbara, « Si la photo est bonne ». Ce qui frappe ensuite, c'est son escorte : elle n'est pas composée de policiers ou de gendarmes, mais de deux grands costauds en blouse blanche, qui ne quittent pas des yeux le joli garçon.

Les psychiatres ont dit que Romain Dupuy était fou (ils ont écrit « schizophrène » dans leur rapport) et qu'à ce titre, conformément à l'article 122-1 du Code pénal, il ne pouvait pas être jugé pour le meurtre de deux infirmières, dans un hôpital psychiatrique de Pau. Comme la loi les y autorise, les familles des deux victimes ont fait appel de ce diagnostic et de l'irresponsabilité pénale qui en découle. Une audience publique a donc eu lieu devant la chambre de l'instruction, afin d'établir si Romain Dupuy, défendu par Me Christian Saint-Palais, pouvait, ou non, répondre devant une cour d'assises des actes qu'il ne niait pas avoir commis. Si la chambre répond oui à l'irresponsabilité pénale, l'intéressé est interné jusqu'à ce qu'il guérisse de sa folie (hypothèse hautement improbable). Si la chambre désavoue le juge d'instruction, le patient devient un accusé, et il répond de ses crimes devant une cour d'assises.

Romain Dupuy est la preuve vivante qu'il est hasardeux de vouloir traduire les fous devant des juges.

Le président, magistrat d'expérience, interroge le malade mental. Celui-ci dit que, trois jours avant le carnage de l'hôpital psychiatrique, il a été agressé. Sur un ton parfaitement posé, il raconte : « J'ai cru qu'ils m'avaient crevé les yeux et ouvert le ventre, que j'avais ressuscité, cicatrisé, et que mes habits s'étaient réparés. »

C'est en se lançant à la recherche de ces fantomatiques agresseurs, poursuit-il, qu'il se retrouve, « d'instinct », vers 1 heure du matin, devant les murs de l'hôpital psychiatrique de Pau, qu'il croit livré aux « nazis et aux extraterrestres ». Il s'y introduit. Rencontre « une première dame » qui lui demande ce qu'il fait là. Il se prend pour Predator, personnage de science-fiction, et sort un long couteau.

L'avocat général :

— Comment l'avez-vous poignardée ?

— Comme ça, répond Romain Dupuy en mimant un mouvement de va-et-vient au niveau de la hanche. Trois fois, à l'abdomen. Après j'ai ouvert la porte, il y avait une deuxième dame, je l'ai poignardée de la même façon. Je suis revenu sur mes pas : la première dame avait disparu. Je l'ai retrouvée un peu plus loin. J'ai cru que c'était un serpent qui allait m'avaler, ou un mort-vivant. Je l'ai coincée entre deux portes et je lui ai coupé la tête.

Il a ensuite posé la tête de sa victime sur un téléviseur.

L'avocat général :

— A-t-elle beaucoup saigné ?

L'accusé :

— Je n'ai pas vu de sang.

Le président :

— Lors de votre arrestation, vous aviez des vis cruciformes dans vos sous-vêtements. Pouvez-vous nous expliquer pourquoi ?

Romain Dupuy :

— C'était au cas où je serais attaqué par des chiens.

La chambre de l'instruction a confirmé le diagnostic des experts psychiatres et le non-lieu signé par le juge d'instruction, Romain Dupuy est reparti dans sa chambre d'hôpital encadré par son escorte blanche. Les parties civiles n'ont pas compris qu'on ne respecte pas le « droit » au procès qui leur avait été confirmé par Nicolas Sarkozy, alors ministre de l'Intérieur. « Vous voyez bien qu'il n'est pas fou puisqu'il répond aux questions », déclarait à la presse l'un de leurs avocats.

Etc.

Trois SDF comparaissent devant la cour d'assises à Grenoble pour le meurtre d'un quatrième, dont ils ont jeté le corps dans l'Isère après l'avoir rossé.

Le président, Jean-Marie Fayol-Noireterre, à l'un des accusés :

— Combien de temps s'est écoulé entre les premiers coups de poing et les coups de pelle ?

— Deux bières.

Un peu plus tard, au président qui lui demande de raconter sa vie :

— Si j'avais bu, je pourrais vous en parler. Mais à jeun, moi j'ai l'impression d'être personne. Ma vie, c'est la violence, l'alcool, etc.

— Ce qui m'intéresse, monsieur, c'est le « etc. ».

Routine

Le délibéré a duré cinq petites minutes. « Le tribunal vous relaxe, monsieur Kamagate », dit le président, Marc Bourragué. Vamara Kamagate reste figé à la barre. « Vous pouvez partir », ajoute doucement le président. Il est 22 heures, lundi 6 septembre 2010, et la 10e chambre du tribunal correctionnel de Paris vient de reconnaître que l'homme qui lui fait face, les bras ballants, noyé dans une veste de costume trop large pour lui, a été officiellement victime d'une erreur judiciaire.

Deux ans et demi plus tôt, le 8 mars 2008, à l'étage situé juste en dessous de cette salle d'audience, Vamara Kamagate avait été jugé en comparution immédiate et reconnu coupable d'agression sexuelle, violences et injures publiques.

Condamné à dix-huit mois ferme, il avait été aussitôt incarcéré. La jeune femme qui l'accusait, absente de l'audience mais représentée par un avocat, avait reçu 3 000 euros à titre de provision pour le préjudice subi.

Reconnu
définitivement
innocent,
dans le palais
désert à cette heure
avancée
de la soirée, Vamara
Kamagate a juste
demandé
à son avocate,
Me Victoire Boccara,
de l'aider à retrouver
la porte de sortie.

Elle avait 20 ans, un ami policier, une mère psychiatre et un père cadre supérieur. Un soir de février 2008, elle leur avait confié avoir été agressée boulevard Richard-Lenoir, dans le 11e arrondissement de Paris, par un homme de « 50-60 ans », de « type africain », d'une taille « d'environ 1,80 mètre ».

Il l'avait, disait-elle, saisie violemment par le cou, lui avait pincé les seins, avait mis sa main dans sa culotte sous son jean et lui avait frotté le sexe avant de la repousser en l'insultant. Elle avait répété tout cela à la policière compatissante qui avait recueilli sa plainte. Deux semaines plus tard, on l'avait à nouveau convoquée au commissariat pour lui présenter derrière une glace sans tain un SDF de nationalité ivoirienne qui, disaient les policiers, « pouvait correspondre » à son agresseur.

Vamara Kamagate ne mesure pas 1,80 mètre mais 1,70 mètre. Il n'a pas « entre 50 et 60 ans », puisqu'il est âgé de 46 ans. Il s'était contenté de répéter dans un français approximatif qu'il n'était pour rien dans cette affaire. La jeune femme n'avait pas été formelle mais elle avait dit quand même qu'elle « pensait » le reconnaître.

Ensuite, tout était allé très vite. Avocat d'office, comparution, condamnation, détention, pas d'appel, affaire réglée.

— Pourquoi n'avez-vous pas fait appel ? lui demande le président, Marc Bourragué.

Vamara Kamagate penche son visage vers le juge en clignant des yeux et lui fait répéter la question pour être sûr de la comprendre.

— Je savais pas qu'on pouvait, répond-il.

Du dossier d'instruction, le président extrait alors une longue lettre que la jeune femme a adressée au procureur de la République en mai 2008, deux mois après la condamnation de Vamara Kamagate et dans laquelle elle dit avoir tout inventé. Elle y expose ses confidences à son ami policier, puis à ses parents, l'écoute immédiate qu'elle reçoit, la compréhension dont on l'entoure. Elle raconte la plainte, la présentation des photos au commissariat – « je me sentais obligée de désigner quelqu'un » –, la procédure qui s'emballe – « personne n'entendait mes doutes » –, puis la prise de conscience violente : « Je venais d'envoyer un pauvre type en prison. Je n'avais jamais pensé que la justice puisse condamner un homme sur mon seul témoignage. »

L'affaire remonte à la chancellerie, puisque seule la garde des Sceaux – à l'époque Rachida Dati – peut lancer la révision d'une condamnation devenue définitive. La Cour de cassation annule le jugement et renvoie Vamara Kamagate devant le tribunal correctionnel. « Enquête de routine, jugement de routine. Nous sommes face à une authentique erreur judiciaire », déclare le procureur, en requérant « évidemment » la relaxe du prévenu.

Reconnu définitivement innocent, dans le palais désert à cette heure avancée de la soirée, Vamara Kamagate a juste demandé à son avocate, Me Victoire Boccara, de l'aider à retrouver la porte de sortie. Il est mort neuf mois plus tard. Il avait 49 ans.

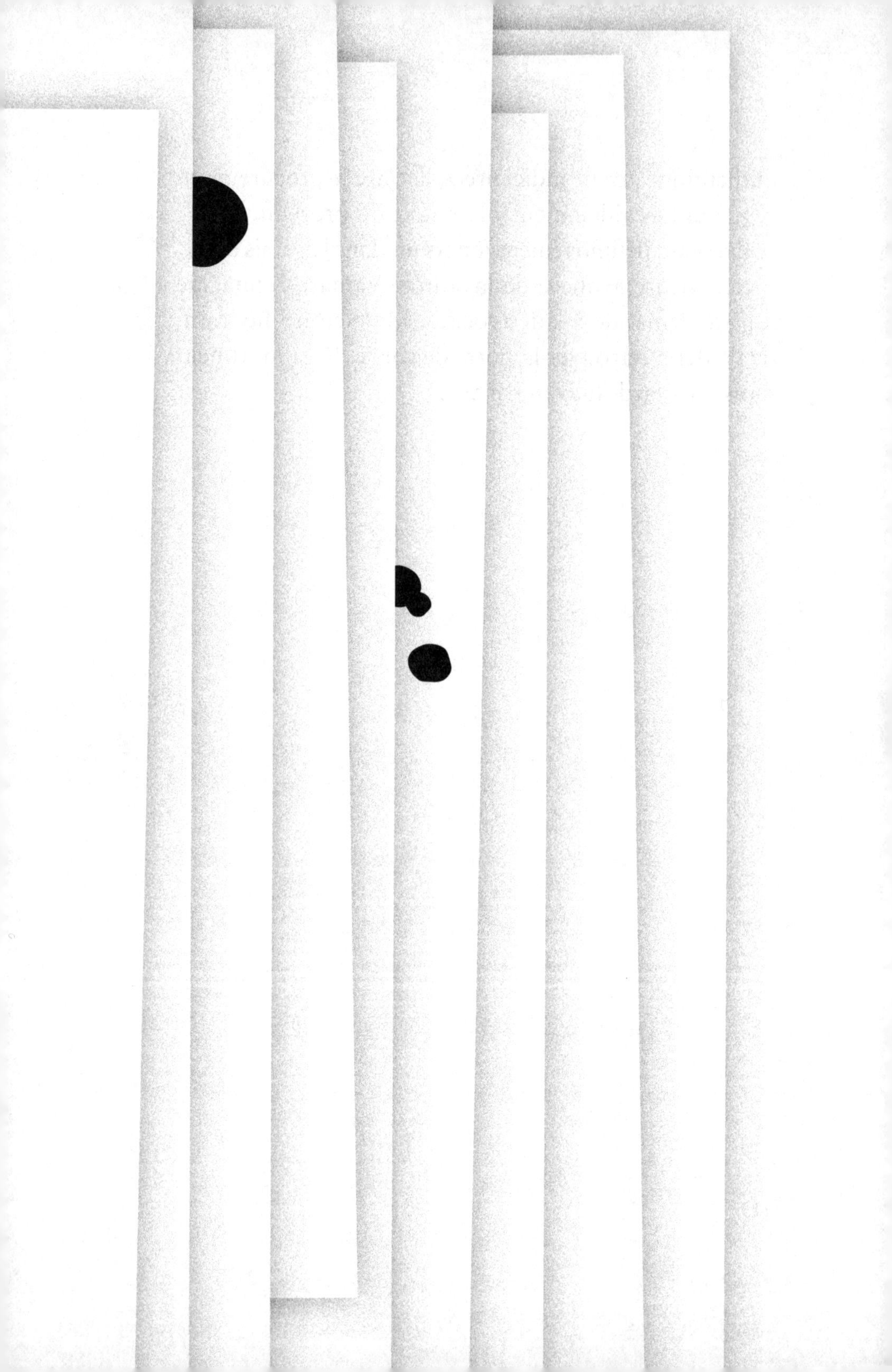

Huissier

Miguel Archambaud est huissier audiencier à la cour d'assises de Loire-Atlantique. Il a le corps sec d'un marathonien et un visage à la serpe qui évoque celui du comédien Luis Rego. Surtout, il prend son rôle très au sérieux, et il a raison. L'huissier audiencier est un personnage important du procès. C'est lui qui accueille témoins, experts, parties civiles. Lui qui va chercher les témoins dans la salle qui leur est réservée, quand le temps est venu de faire leur déposition. Lui qui trouve le scellé que le président va faire ouvrir pendant l'audience. Lui qui, seul, sait faire fonctionner le rétroprojecteur – quand il fonctionne –, et zoomer sur telle photo de l'album réalisé par les enquêteurs, en évitant de projeter par inadvertance un cliché insoutenable. Parfois, l'huissier disparaît, et l'audience est paralysée ; le président, furibard, veut l'envoyer chercher, mais qui peut-il envoyer pour cela puisque, justement, c'est l'huissier qui va chercher ceux dont on a besoin ? Miguel Archambaud ne disparaît jamais. D'ailleurs, pendant les procès lourds, il dort à côté du palais dans

une camionnette aménagée en camping-car. Dans une vie précédente, il a bourlingué dans la marine marchande. Depuis qu'il est huissier, le hublot de sa cabine donne sur le palais de justice de Nantes.

Il a toujours avec lui des mouchoirs en papier, car on pleure beaucoup aux assises, et des témoins éclatent régulièrement en sanglots, écrasés par le poids de leur serment, pris en étau entre les regards des jurés, qu'ils ne connaissent pas, et celui de l'accusé, qu'ils connaissent trop. À la première larme, le mouchoir rassurant tombe du ciel. Au cas où, il dispose aussi d'une petite fiole d'eau de mélisse sucrée, car il arrive qu'un témoin s'évanouisse.

Surtout, Miguel Archambaud est le meilleur huissier de France dans la discipline reine d'annonce de la cour. Au premier jour des débats, comme après chaque suspension, l'arrivée de la cour et des jurés est précédée d'un coup de sonnette, tout le monde se lève, les magistrats font leur apparition, suivis des jurés. L'huissier est censé crier « la cour ! » d'une voix suffisamment tonique pour frapper les esprits et rappeler la solennité de l'instant, mais il faut bien reconnaître que certains ne font pas trop d'efforts : on se lève quand même, mais sans entrain, sans ressentir la force en marche de la loi. À Nantes, c'est différent. Car Miguel Archambaud n'est pas un aboyeur fatigué, mais un artiste de l'annonce.

Il a guetté le retour du président, debout à côté de son petit bureau d'huissier audiencier. Il a attendu que le magistrat en robe rouge ait actionné la sonnette, après s'être assuré que ses deux assesseurs et les jurés étaient derrière lui, dans le bon ordre pour regagner leur fauteuil attitré sans se marcher sur les pieds. Le président presse le bouton de la sonnette. Miguel Archambaud entre le premier dans le prétoire, mesure d'instinct l'intensité du brouhaha. Il fait deux pas. Se fige. Redresse la tête. Le menton relevé, les yeux tout là-haut. On le voit de trois quarts, comme ça, immobile, l'air de celui que frappe une révélation : le brouhaha se réduit de moitié. Miguel Archambaud tend alors le bras, comme le matador brandissant son épée avant l'estocade, puis l'abaisse lentement. D'une voix de stentor qu'on n'imaginait pas sortir d'un corps si mince, il lance : « La cour ! » Il n'y a plus un bruit. Le public est hypnotisé. Les juges reprennent leur place, pendant que le Cordobés des assises, déjà, va chercher le témoin suivant.

Charles Quint

C'est donc à cela que ressemble un gourou ? À ce petit homme maigrelet, au physique passe-partout avec un visage osseux surmonté d'un insolite toupet, le nez chaussé de fines lunettes d'informaticien ? Thierry Tilly est accusé d'avoir, pendant une dizaine d'années, asservi et spolié une famille aisée du Sud-Ouest, soit onze personnes, de la grand-mère octogénaire à la dernière de ses petites-filles. Il a tout pris aux Védrines : leur argent, leurs tableaux, leurs meubles, leur château de Monflanquin et, surtout, leur libre arbitre. Pour le procureur, le préjudice matériel dépasse les 5 millions d'euros.

Jugé à Bordeaux, Thierry Tilly se défend crânement. Il accuse ses dupes d'avoir profité de sa propre bienveillance et d'avoir fait de sa vie un enfer. Assises sur le banc des parties civiles, les victimes du petit homme l'écoutent, tantôt médusées, tantôt hilares. C'est à leurs sourires qu'on mesure qu'elles sont guéries, libérées de l'emprise du machiavélique gringalet.

Le prévenu est une énigme et l'affaire, un immense défi à la raison : les experts psychiatres n'ont décelé chez lui aucune pathologie mentale – pas davantage de folie ou de sottise chez les Védrines. Mais dans un box, quand les preuves de sa culpabilité sont légion, le plus habile des escrocs n'est plus qu'un futur condamné dont les ficelles autrefois si fines, si efficaces, apparaissent comme des cordes grossières. Comme tous les vaniteux surpris nus, M. Tilly ne sauve son narcissisme du naufrage qu'à travers une logorrhée à sa propre gloire.

La présidente l'interroge. « Je pense en anglais », dit-il pour justifier un léger décalage temporel entre la question et la réponse. Réponse qui, le plus souvent, tombe à côté de la question. « Oui ou non ? » s'agace la présidente. « Oui et non », rétorque le prévenu au cerveau bilingue. Ce « descendant en ligne directe de Charles Quint », dont la mère, patineuse artistique, aurait été sélectionnée aux Jeux olympiques si elle n'avait pas été occupée à lui donner le jour, se prévaut d'innombrables diplômes universitaires, alors que les policiers ne lui ont trouvé qu'un DEUG – « enquête bâclée », peste Thierry Tilly, qui affirme être entré en classe préparatoire au lycée Henri-IV « sur recommandation personnelle du recteur de Paris ».

Alors qu'il n'a manifestement pas une carrure d'athlète, il raconte comment il a pratiqué le parachutisme dès l'âge de 12 ans, ce qui lui a valu un brevet dérogatoire délivré par le général Bigeard en personne. Après le saut dans le vide, le football. Il lui est proposé de devenir « gardien de but dans une équipe de première division ». Laquelle ? Il préfère ne pas le dire, mais ne fut-il pas le condisciple du joueur professionnel Paul Le Guen ?

Thierry Tilly, bien sûr, pratique aussi le tennis à haut niveau, ce qui lui a permis d'affronter « le 50e joueur mondial ». La tête étant aussi affûtée que les jambes, il a également brillé dans le « renseignement free-lance pour des donneurs d'ordre, dont Jean-Luc Lagardère », activité secrète pour laquelle il a gagné « 2,5 millions à 3 millions de francs par an ». Protégé par la famille Bettencourt, il a, notamment, vécu « de très près », dans l'ombre de Jacques Chirac, « la création du Rassemblement pour la République ».

C'est bien simple : Thierry Tilly ne côtoie que des personnalités de premier plan ; ou plutôt, des personnalités de premier plan ont parfois la chance de côtoyer Thierry Tilly. « Je peux le prouver », répète-t-il systématiquement.

On voudrait croire que les prévenus ont la tête de l'emploi : c'est, la plupart du temps, complètement faux. Thierry Tilly, l'un des plus stupéfiants imposteurs des annales judiciaires récentes, avait une tête de rien du tout.

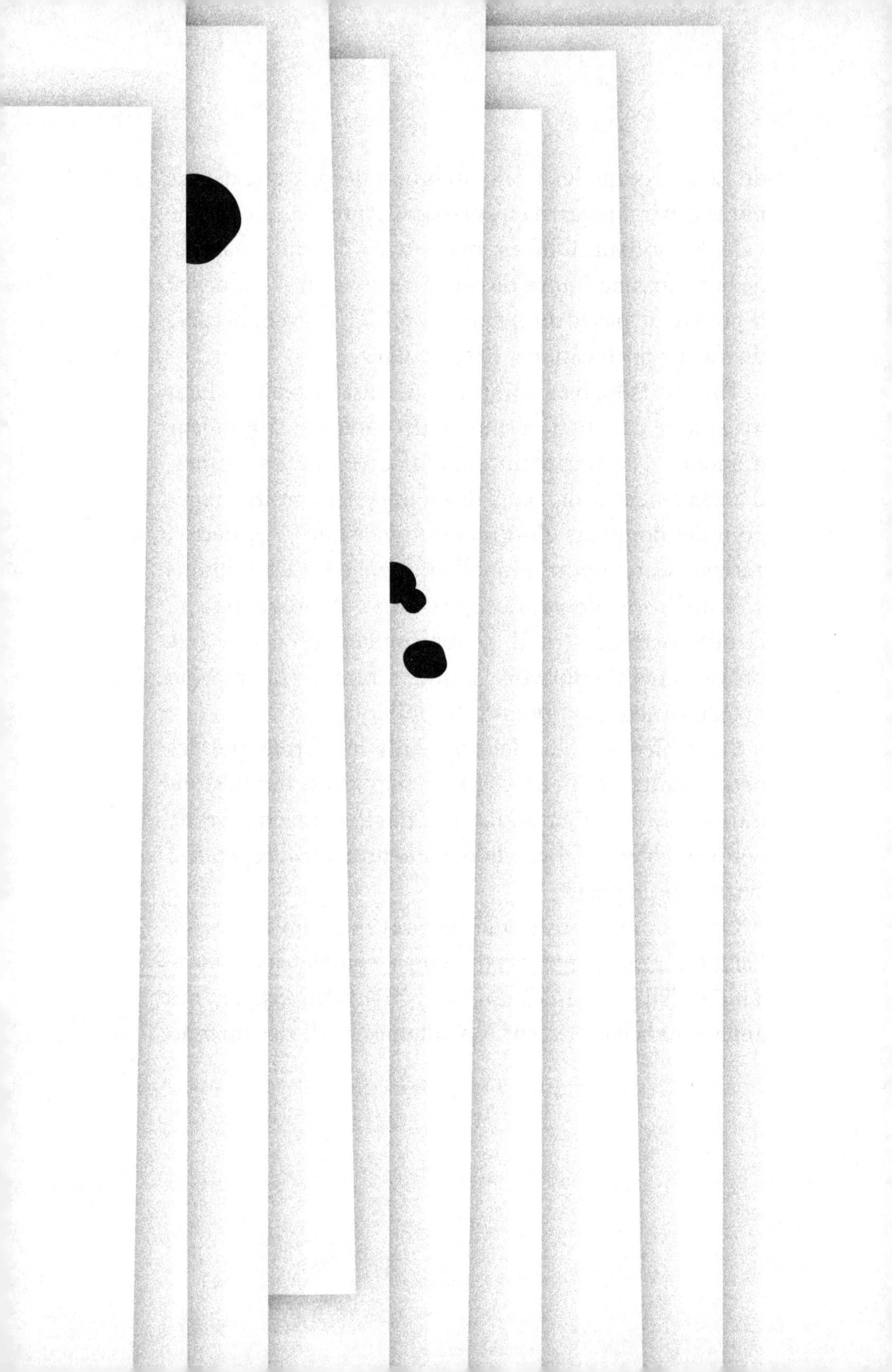

Récusation

Ils sont une quarantaine, morceau aléatoire du peuple, sans distinction d'âge, de sexe, de culture, de religion, de profession. La main du hasard les a désignés sur les listes électorales pour remplir le plus vertigineux des devoirs que la loi impose aux citoyens : juger leurs pairs. À l'ouverture du procès, ils se serrent les uns contre les autres sur les bancs du public, intimidés par la solennité du lieu, réticents, apeurés ou curieux de l'expérience inédite qui les attend. Leurs regards courent sur la salle, ses boiseries et ses pupitres, dévisagent l'accusé assis dans le box et les parties civiles qui lui font face, observent la ronde des robes, tout ce petit monde qui, pour quelques jours, parfois quelques semaines, va devenir le leur. Ils ont appris un peu plus tôt, lors de la rapide formation qui leur a été délivrée, que la première épreuve à laquelle ils vont être confrontés est celle de la récusation.

Le président plonge sa main dans l'urne, la salle tout entière se fige à l'écoute du bruit sourd ou métallique des jetons. « Juré n° 9. » Au banc de la défense, comme au siège de l'accusation, on coche le numéro dans la liste

La violence
de la cour d’assises
commence là.
Le juré rejeté fait
demi-tour face
à la salle qui
le dévisage.
Le président
a déjà appelé
un autre nom.

qui indique, pour chacun d'entre eux, le nom, le prénom, la date de naissance et la profession. Certains ont déjà été barrés ou cochés sur ces seuls critères. L'homme ou la femme désigné se lève, s'avance dans le prétoire sous les regards de maquignon des défenseurs et celui de l'avocat général. Une allure qui déplaît, un métier, un âge, la consonance d'un prénom ou la couleur d'une peau qui inquiètent, et le verdict tombe : « Récusé. »

La violence de la cour d'assises commence là. Le juré rejeté fait demi-tour face à la salle qui le dévisage. Le président a déjà appelé un autre nom. Le suivant s'avance lentement en regardant droit devant lui. En longeant le prétoire, il ploie légèrement la nuque, comme dans l'attente d'une guillotine qui ne vient pas. Le regard de l'avocat de la défense le suit jusqu'à ce qu'il prenne place à la tribune et cherche à capter son attention. Dialogue muet où l'un semble dire à l'autre : « Je vous ai élu. Soyez mon émissaire. »

Il n'est pas un avocat pénaliste qui n'ait son histoire à raconter sur la composition des jurés d'assises. La plus fameuse est celle prêtée à Robert Badinter, du temps où la peine de mort existait encore. C'était au procès de Patrick Henry à Troyes, accusé de l'assassinat d'un enfant de 7 ans qu'il avait enlevé à la sortie de l'école. Une femme est tirée au sort, l'avocat regarde sa liste. Elle est directrice d'école. Récusée. À une voix de majorité, Patrick Henry sera condamné à avoir la tête tranchée. Le président de la cour d'assises confiera plus tard à Robert Badinter que l'austère fonctionnaire était la présidente départementale de la Ligue des droits de l'homme, farouchement abolitionniste.

Au procès d'un homme accusé d'avoir tué sa belle-mère, le tirage au sort désigne un juré au teint jaune, au visage renfrogné, au costume chiffonné. « Récusé ! » tonne l'avocat de la défense. Le juré revient s'asseoir sur les bancs du public et suit passionnément les débats. L'avocat plaide le doute et l'acquittement. L'accusé est condamné. Alors qu'il dégrafe sa robe noire, il est abordé par le juré qu'il a éliminé. « Vous avez eu tort de m'écarter. Toute ma vie a été gâchée par ma belle-mère. Je vous aurais suivi aveuglément. »

Certains défenseurs raient les plus âgés de la liste, qu'ils redoutent répressifs, d'autres au contraire les élisent, convaincus que l'expérience de la vie les rend parfois plus compréhensifs des tourments humains. Mais dans le secret du délibéré, l'éducateur en baskets dont la défense espère la clémence dans une affaire de viol confiera que sa sœur a été victime d'une agression sexuelle ; le routier grande gueule en tee-shirt sur lequel compte l'accusation racontera son expérience d'ancien enfant de la DDASS ; la chef d'entreprise élégante, celle de son fils toxicomane. C'est avec tout cela qu'ils jugeront.

L'imparfait

Il est le père de l'accusé et il voudrait l'aider. Il sait que l'avocat de la défense compte beaucoup sur lui parce qu'il est solide, travailleur, ni trop riche ni trop pauvre, chef d'une petite entreprise, et qu'il vote plutôt à droite, c'est-à-dire qu'il est un père ordinaire comme il s'en trouve sans doute parmi les jurés qui vont condamner son fils.

En entrant, il n'a pas osé regarder de son côté, vers le box, parce qu'il n'a pas envie de le voir comme ça, entre deux gendarmes. Il s'est promis de parler du garçon tendre et affectueux qu'il a élevé, de l'élève qui rapportait de bonnes notes de l'école, des petits bonheurs du dimanche après-midi avec lui au stade de foot, du jeune homme travailleur et attentionné qui n'oublie jamais de souhaiter un anniversaire ou de rendre visite à sa grand-mère.

À ces juges, il aimerait tant cacher que depuis qu'il a appris le viol reproché à son fils quelque chose en lui s'est cassé. Et voilà que cette fêlure s'invite au beau milieu de ses mots de père qui veut si bien faire.

Et voilà que cette
fêlure s'invite
au beau milieu
de ses mots
de père qui veut
si bien faire.
— François,
c'était quelqu'un
de gentil. Il était
très famille…

— François, c'était quelqu'un de gentil. Il était très famille…

Tout le monde a entendu l'imparfait qui lui a échappé. Son fils aussi, qui ferme les yeux pour qu'ils ne coulent pas.

Quand il rejoint les bancs du public, il s'efforce d'éviter le regard aigu que le père de la jeune fille violée darde sur lui. Il le comprend tellement. Il a une fille lui aussi. Elle a le même âge que celle-ci, 17 ans. Quand elle part seule en ville ou qu'elle veut sortir le soir, bien sûr qu'il a peur qu'elle tombe sur un salaud.

Froid

La cour et les jurés se retirent pour délibérer. Commence alors l'attente. Trois heures, cinq heures, parfois plus, avant que le verdict ne soit prononcé. Souvent, la soirée est déjà bien avancée. Les autres salles d'audience sont fermées, les bureaux éteints. La salle des Pas perdus n'est plus si grande lorsque doivent s'y croiser les proches de l'accusé et ceux de la victime. Un manège silencieux s'organise, dans un partage tacite des bancs, des fenêtres et, dehors, des cendriers. Car on fume beaucoup, dans ces heures-là. C'est même souvent ce qui rapproche le plus ces deux camps que tout oppose. Il y a aussi la machine à café et le distributeur de friandises. On s'y succède, on s'y frôle parfois. Une hiérarchie instinctive s'établit. La famille de la victime devant, celle de l'accusé derrière.

Des journalistes passent la tête pour voir si « ça bouge ». Mais ça ne bouge pas. Pour tuer le temps, on essaie de l'interpréter. Si c'est long et que l'accusé a reconnu les faits, on en déduit que la discussion sur

Des journalistes
passent la tête pour
voir si « ça bouge ».
Mais ça ne bouge
pas. Pour tuer
le temps, on essaie
de l'interpréter.
Si c'est long et que
l'accusé a reconnu
les faits, on en
déduit que la
discussion
sur la peine
est acharnée.

la peine est acharnée. Si c'est long et que l'accusé jure qu'il est innocent, on conclut qu'on se déchire sur sa culpabilité.

Et puis le mécanisme final de la machine à juger s'enclenche. Les avocats, rappelés par un coup de fil de la greffière, reviennent au palais, robe sous le bras, air inquiet. La défense espère la clémence, la partie civile la redoute.

On ne bouge plus, « ça rentre ». La presse retrouve son banc. Dans un silence anormal, les journalistes sortent cahier, stylo, ordinateur, téléphone portable pour être le premier à diffuser le verdict sur Twitter. Le public est à son tour autorisé à entrer dans la cour d'assises. Les avocats ont remis leur robe. Ils sont plus pâles que tout à l'heure. L'avocat général est là, lui aussi, l'air faussement détaché. On n'entend que le silence épais.

Le temps, à nouveau, s'étire. Entre le moment où le public a été admis et celui où le verdict va tomber, il s'écoule environ trente minutes.

L'accusé est introduit dans le box. Coup de sonnette. L'huissier annonce : « La cour ! » Le brouhaha de la salle qui se lève fendille le silence. Le président paraît, suivi de ses assesseurs et des jurés. Ils sont épuisés. Selon une vieille superstition, si leur regard évite le box, c'est qu'ils ont voté une peine sévère. C'est aussi vrai qu'il est établi que les chats noirs portent malheur.

L'accusé est le seul à ne pas se rasseoir : on ne se fait pas condamner ou acquitter dans un fauteuil. Certains avocats restent debout, à l'ancienne, comme pour faire de leur corps et de leur robe noire un ultime rempart entre la justice et leur client. Le président lit quelques formules rituelles.

Soudain, le temps s'accélère. Le président en vient aux réponses de la cour et des jurés. Si cela commence par « oui », la culpabilité est consacrée. En cas de « non », il y aura un acquittement.

C'est « oui ». Les secondes s'affolent, le cœur s'emballe, une sensation de froid saisit les mains. La sentence tombe.

Le verdict est le moment glacial du procès.

Réclame

Selon Me Hervé Temime, un avocat pénaliste de très grand talent qui a été trop jeune privé de son père, les avocats pénalistes de très grand talent ont souvent été, très jeunes, orphelins de père. De sorte que, plus que d'autres, ils ressentent au plus profond d'eux-mêmes le besoin de se battre contre une immense injustice. Ce théorème se vérifie avec quelques grands noms : Mes Kiejman, Badinter, Dupond-Moretti ont perdu leur père alors qu'ils n'étaient pas encore entrés dans l'âge adulte.

Mais, Dieu soit loué, point n'est besoin d'être orphelin pour devenir un immense avocat. Ainsi d'Émile Pollak (1914-1978), un ténor qui a donné son nom à une rue de sa ville, Marseille. Mille anecdotes circulent sur lui, notamment celle-ci. Il avait un jour fait citer une femme à témoigner aux assises, où il intervenait en défense. La déposition de la dame était extrêmement embarrassante pour l'accusation. N'y tenant plus, l'avocat général n'avait pas trouvé meilleur contre-feu qu'une bassesse.

Dans le public
du tribunal
s'asseyait
souvent l'un
de ces passionnés
des prétoires
qui hantent
les palais
de justice.

— La cour sait-elle que madame vit en concubinage avec un prêtre ? avait glissé le magistrat.

— Avec qui de plus honorable vouliez-vous qu'elle vécût ? rétorqua Me Pollak.

Mais avant de devenir cet as de la répartie, Me Pollak s'était fait la main et l'éloquence dans les petites audiences correctionnelles. Dans le public du tribunal s'asseyait souvent l'un de ces passionnés des prétoires qui hantent les palais de justice. À un moment, immanquablement, il demandait à ses voisins : « Connaissez-vous ce jeune avocat si brillant ? » Comme personne ne le connaissait, il partait se renseigner et revenait en disant bien fort : « Il s'appelle Pollak. Émile Pollak. »

Et lui, c'était son père.

Collision

L'un parle avec l'accent belge et l'autre, avec celui de l'ENA. Le premier conduisait le camion qui, en prenant feu dans le tunnel du Mont-Blanc, a causé la mort de trente-neuf personnes. Le second présidait ATMB, la société chargée d'exploiter la partie française de l'ouvrage, soupçonnée, à travers ses responsables, d'un manque de zèle criant en matière de sécurité.

Le préfet Rémi Chardon a l'air sévère, un costume strict, une voix grave, des cheveux noirs plaqués vers l'arrière. Divorcé, remarié, 10 000 euros par mois. Il revendique, dès le plus jeune âge, une attirance « pour le service public ». Son CV est assorti à sa coiffure : sans une mèche folle. Lycée Carnot, bac, droit, sciences politiques, ENA en 1972. Dans la *botte,* comprend-on à travers une élégante périphrase : « J'aurais pu choisir un grand corps, mais j'ai opté pour la préfectorale. »

Gilbert Degrave porte un pull bleu sur une chemise à carreaux au col ouvert, un jean, les cheveux qui lui restent sont grisonnants. Il roule les *r* et s'en explique sans façon : « Je m'excuse parce que je suis belge », gagne 1 026 euros par mois ; divorcé, il vit « avec une autre dame, en concubinage, depuis quatorze ans ». Il a quitté l'école à 14 ans, fait son service militaire dans les paras « au Congo belge ». Puis, il s'est assis derrière le volant d'un poids lourd pour sillonner la planète. « Je suis un amoureux de la route », précise-t-il.

En 1996, trois ans avant la catastrophe, le préfet Chardon, qui a dirigé le cabinet de Jacques Chirac à l'hôtel de ville de Paris, est choisi pour présider ATMB. Il est nommé « par décret du chef de l'État (Jacques Chirac) contresigné par six ministres ». On comprend bien, pendant le procès présidé par Renaud Le Breton de Vannoise, que cette charge était une récompense, et que le préfet Chardon ne passait pas sa vie à arpenter sa moitié de tunnel avec une boîte à outils pour vérifier s'il fallait changer les ampoules des feux rouges.

L'énarque et le routier ne se seraient jamais rencontrés sans l'incendie de 1999. Ils se retrouvent côte à côte, devant le tribunal de Bonneville. Chacun à un bout de son tunnel, mais à égalité judiciaire.

La juge de trente ans

Elle est dans cet entre-deux professionnel où l'on n'est plus tout à fait novice mais pas encore avertie. Elle connaît la flamme narquoise de l'avocat expérimenté en costume de ville devant lequel elle tente maladroitement de s'imposer, drapée dans sa robe de polyester noir. Elle sait que son visage trop lisse déroute le prévenu cabossé par la vie qu'on vient de lui présenter. Elle sent que sur l'adolescent à la dérive, privé d'autorité paternelle, qui lui fait face dans son bureau de juge des enfants, la parole d'un collègue masculin aurait plus d'autorité que la sienne. Pour le justiciable ordinaire, dans les petits tribunaux de province ou dans les lourdes juridictions de banlieue parisienne, le juge est souvent une femme de 30 ans, qui porte son âge comme un reproche.

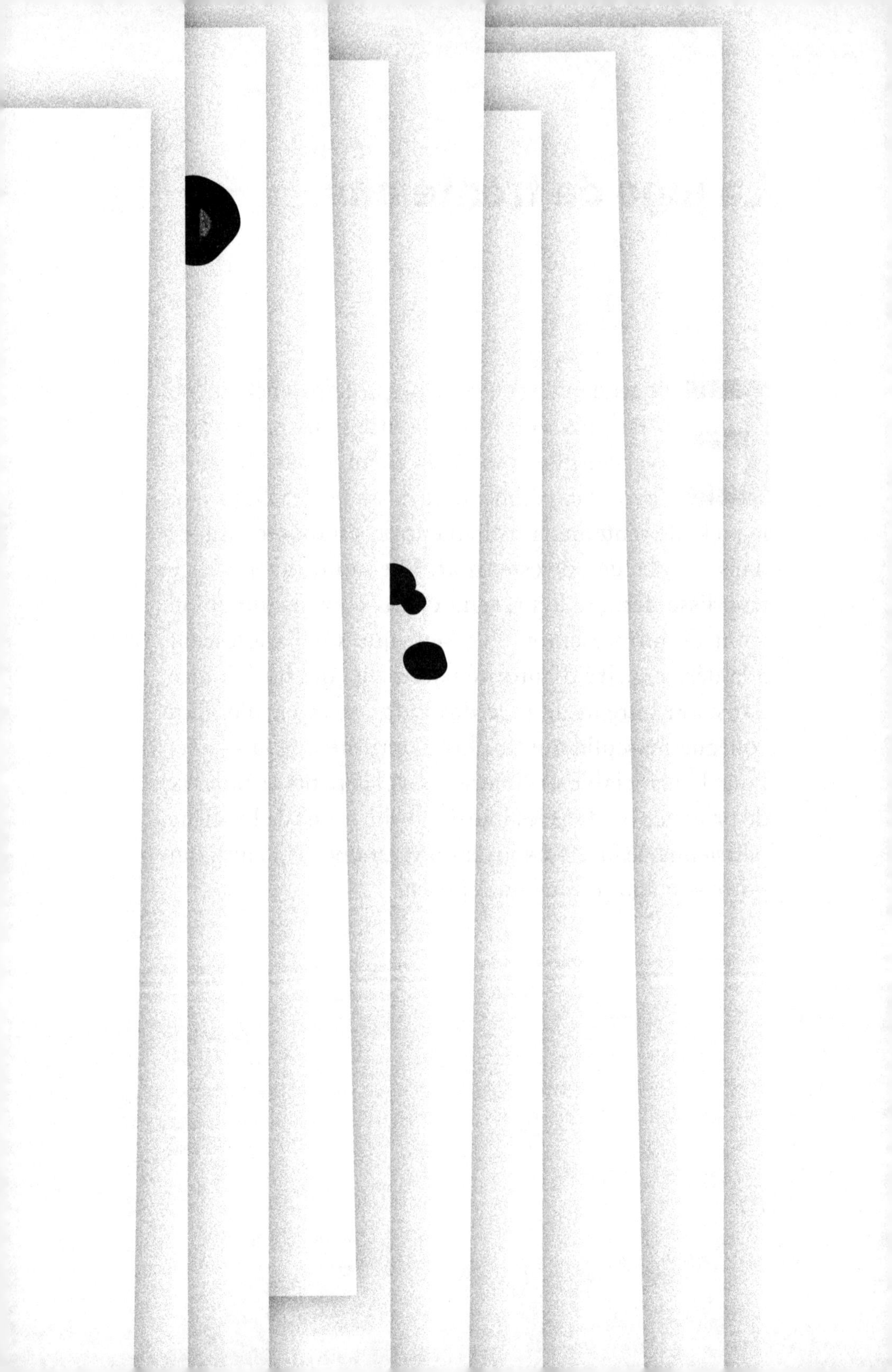

Jurés

Liste (sans les noms) des titulaires et suppléants parmi lesquels ont été tirés au sort les jurés d'une session d'assises de 2013, en région parisienne.

1. Né en 1963 à Kita (Mali).
2. Née en 1954 à Paris, 20e arrondissement, assistante.
3. Né en 1959 à Khouribga (Maroc).
4. Née en 1966 à Tunis (Tunisie), adjoint territorial d'animation.
5. Née en 1986 à Thiais (94).
6. Né en 1960 à Ris-Orangis (91).
7. Né en 1985 à Troyes (10), responsable gestion des stocks.
8. Né en 1959 à Nîmes (30), consultant.
9. Né en 1974 à Palaiseau (91), chauffeur-livreur.
10. Née en 1959 à Neuilly-sur-Seine (92).
11. Née en 1948 à Rouen (76), retraitée de l'Éducation nationale.

12. Né en 1960 à Carcassonne (11).
13. Née en 1980 à Dourdan (91), secrétaire.
14. Née en 1988 à Paris, 13e arrondissement, chargée de clientèle en assurance.
15. Née en 1969 à Somain (59).
16. Né en 1989 à Orléans (45), étudiant.
17. Née en 1944 au Mans (72), retraitée (administration).
18. Née en 1975 à Casablanca (Maroc), employée de banque.
19. Né en 1988 à Asnières-sur-Seine (92), étudiant.
20. Née en 1967 à Angoulême (16), ambulancière.
21. Née en 1980 à Fontenay-aux-Roses (92), professeur des écoles.
22. Né en 1979 à Ris-Orangis (91).
23. Né en 1957 à Paris, 11e arrondissement, informaticien.
24. Né en 1847 à Sampriz Azias (Portugal), retraité – ex-mécanicien.
25. Née en 1966 à Arpajon (91), auxiliaire puéricultrice.
26. Née en 1960 à Loudéac (22), secrétaire administrative.
27. Né en 1963 à Ville-d'Avray (92), chef de secteur dans la restauration collective.
28. Née en 1985 à Arpajon (91), mère au foyer.

29. Né en 1967 à Paris, 15e arrondissement, adjoint technique chef.
30. Née en 1982 à Alfortville (94), comptable.
31. Né en 1987 à Évry (91), vendeur.
32. Née en 1948 à Athis-Mons (91), cadre administratif.
33. Née en 1981 à Évry (91), assistante commerciale.
34. Née en 1957 à Bizerte (Tunisie), orthoptiste.
35. Née en 1958 à Nice (06), médecin spécialiste des hôpitaux.

Bistrot du Palais

Ce sont des débits de boisson un peu particuliers. Ils sont situés devant les palais de justice, et s'appellent généralement « bistrot » ou « café » ou « bar » du Palais.

Laissons de côté les clients lambda, qui seraient tout aussi bien entrés au café de la Mairie, au bar de la Place, ou au bistrot du Marché, mais qui ont eu soif en passant devant le palais de justice. Concentrons-nous plutôt sur ceux qui sont ici parce qu'ils ont rendez-vous en face. Parfois, ils viennent avec leur avocat, et il s'agit de savoir s'ils boivent un café ou un demi avant ou après l'audience. Avant l'audience, généralement, les deux sont d'humeur conquérante. Le professionnel explique au justiciable comment cela va se passer dans le cabinet du juge ou le prétoire, et qu'on va voir ce qu'on va voir. Le client en est convaincu. Une dernière fois, son conseil lui passe les consignes, rappelle ce qu'il faut absolument dire et, plus important, ce qu'il est primordial de taire. Si l'avocat ne tient pas sa robe noire roulée sous le bras – c'est ainsi qu'elle se porte aux abords immédiats des

Le client
en est convaincu.
Une dernière fois,
son conseil
lui passe
les consignes,
rappelle ce qu’il faut
absolument dire
et, plus important,
ce qu’il est
primordial de taire.

palais de justice –, ou si les deux interlocuteurs sont vêtus de manière similaire, on reconnaît tout de même sans difficulté le plaideur : c'est celui des deux qui ne paie pas les consommations.

Les conciliabules d'après palais au bistrot sont, parfois, moins enjoués. L'avocat explique au client déconfit que son dossier était pourtant excellent, que, par malchance, ils sont tombés non pas sur le magistrat bien disposé et d'une intelligence supérieure qui devait prendre l'affaire, mais sur un collègue singulièrement obtus qui n'y a rien compris. Peu importe, ne vous inquiétez pas, on fera appel, et on verra ce qu'on verra devant la cour. Sur quoi le client règle les consommations.

On surprend dans les bistrots du Palais mille petites scènes qui font partie de la justice ordinaire, celle qui concerne des gens dont la vie est suspendue à une ordonnance ou à un jugement, qui attendent qu'on règle pour eux un divorce, une affaire de violence à deux sous, une escroquerie au préjudice minime. Ces affaires n'intéressent personne d'autre que leurs protagonistes, elles paraissent dérisoires et pourtant, rien n'est plus important pour ceux qui les ont portées devant les tribunaux. Il y a, dans les yeux du client qui se fiche de son demi ou de son café, commandé pour se donner une contenance, tant d'espoir placé en l'avocat, ou tant de chagrin quand le rendez-vous s'est mal passé. Ici, on rit et on pleure. Les larmes qui coulent dans les bistrots du Palais ne sont pas des larmes d'ivrognes, ce sont celles de la rage et de la défaite après une cause perdue, celles surtout de la misère du monde, comme les larmes de ce petit garçon qui, devant une grenadine à laquelle il ne touchera pas, répète, inconsolable : « Maman est partie. »

Ciel

Ce fut un orage terrible. Le ciel s'était assombri, le vent levé et, soudain, le tonnerre a résonné dans les assises. C'était en juin, il faisait chaud, les fenêtres étaient grandes ouvertes. La bourrasque poussait la pluie dans le prétoire, si bien que le président a ordonné à un gendarme de fermer les écoutilles.

Celles-ci, à la cour d'assises de Paris, sont situées à plusieurs mètres de hauteur. Pour les manipuler, il faut une longue perche équipée d'un crochet, qui permet d'actionner les mécanismes depuis le sol. Le militaire s'est approché avec sa perche. En face, sagement assis dans son box, l'accusé regardait ce petit manège. C'était un homme de 58 ans, pas très grand, vêtu d'un costume sombre à col Mao, les pieds nus chaussés de sandales en toute saison. François Besse avait été un truand de premier plan dans les années 1970. Braqueur multirécidiviste, il s'était, entre autres, fait la belle de la prison de la Santé avec Jacques Mesrine. Il s'est d'ailleurs beaucoup évadé, « le Petit » – c'était l'une de ses spécialités.

Plus de dix ans s’écoulent pendant lesquels François Besse vit l’existence paisible d’un truand officiellement mort.

Après une brève cavale parsemée de braquages avec « le Grand » Mesrine, Besse avait quitté le sillage violent de celui qui devint l'« ennemi public numéro un » et finit criblé de balles, porte de Clignancourt.

Besse avait, lui, réussi jadis la plus belle des belles : il s'était évadé de la vie. Autrement dit, il avait réussi à faire croire à la police qu'il était mort, assassiné par les membres du mythique gang des Postiches à l'issue du partage d'un butin qui aurait mal tourné. Les « Postiches » étaient, en réalité, de grands amis à lui, qui avaient commis dans les années 1980 une trentaine de vols à main armée d'une audace invraisemblable. Ils agissaient grimés, d'où leur surnom.

Plus de dix ans s'écoulent pendant lesquels François Besse vit l'existence paisible d'un truand officiellement mort. Stupidement, cet homme très intelligent que plus personne ne recherche braque alors une banque dans ses Charentes natales – il a besoin d'argent pour élever la fille qu'il a eue sur le tard. Là, stupeur : on retrouve ses empreintes digitales. « Le Petit » est ressuscité. Il est vite repris.

Le voici donc, en 2001, assis dans le box, pour solder définitivement le lourd passif judiciaire jamais puni en raison de ses évasions multiples. François Besse regarde le gendarme à la perche qui ferme les fenêtres. Il voit à cet instant le ciel comme il ne l'a jamais vu depuis son arrestation : tourmenté, certes, mais sans barreaux. De l'autre côté du prétoire, les journalistes regardent François Besse qui regarde le gendarme et le ciel. Ils imaginent qu'il évalue la distance entre le sol et la fenêtre. S'est-il déjà évadé en sautant à la perche ?

Le regard de l'accusé croise celui des journalistes. François Besse comprend que tout le monde s'attend à ce qu'il bondisse et disparaisse dans les nuages. Alors, il esquisse un grand sourire et, paumes tournées vers l'avant, il hausse les épaules dans un signe d'impuissance amusée.

***

Ils ont tout avoué. Le viol de prostituées qu'ils faisaient monter dans leur fourgon de policiers au prétexte de les contrôler. Ils ont entre 23 et 27 ans, la plupart sont de jeunes pères de famille. L'avocat général vient de requérir huit à dix ans de prison contre eux. Avant que la défense ne plaide, le président annonce une suspension d'audience. Tous comparaissent libres, ils se lèvent doucement et sortent un à un de la salle de la cour d'assises de Paris.

Un escalier de pierre à descendre, quelques pas dans le vestibule et juste une porte à franchir pour respirer quelques minutes l'air du dehors. Il fait encore doux, la place Dauphine a jolie mine dans la lumière dorée de ce 20 septembre. Le premier serre sa compagne dans ses bras. Le deuxième se tient silencieux près de son père. Personne n'accompagne le troisième. Il allume une cigarette, penche la tête en arrière et suit à chaque bouffée les volutes de fumée qui montent vers le ciel. Il sait qu'il ne vivra pas dehors le dernier jour de l'été.

Miracle(s)

Les restes humains ont été découverts dans un massif montagneux du sud de la France, par un cantonnier intrigué par l'odeur pestilentielle qui se dégageait de plusieurs sacs-poubelle jetés dans la garrigue. Les enquêteurs en ont extirpé des morceaux de corps humains, sans tête, ni main, ni pied, et des viscères remisés à part. Au terme d'un travail considérable, les spécialistes de l'identité judiciaire ont établi qu'il y avait eu trois victimes, deux hommes et une femme. Que toutes avaient été tuées à la carabine .22 Long Rifle, une arme d'amateur que n'utilisent jamais les truands professionnels, adeptes du 9 mm, qui fait des trous bien plus gros. Puis, ils ont mis de noms sur ces cadavres en puzzle, et même un menu sur leur dernier repas : du sanglier et du gratin de céleri.

Les deux hommes démembrés sont des voyous notoires, fichés pour trafic de stupéfiants. L'un des deux, un important dealer, était connu de son vivant pour ne jamais se séparer d'une glacière portative remplie de billets de banque plastifiés sous vide, pour

Les hommes
cagoulés l’avaient
surpris et obligé
à découper
les cadavres
et à les jeter dans
la montagne.

un montant de 12 millions de francs (environ 2 millions d'euros). L'objet a été retrouvé à son domicile, mais pas son contenu. Le second homme était le lieutenant du premier, et la femme, sa compagne.

L'enquête, très difficile car ouverte des mois après la mort du trio, finit par se focaliser sur un certain M. P., fromager. Enfin, fromager à l'époque des faits, car il avait auparavant exercé des activités moins honorables, ce qui lui avait offert l'opportunité de se lier avec feu le dealer. M. P. connaît les victimes, donc. D'ailleurs, celles-ci ont pris leur dernier repas chez lui, sous la forme de sanglier et de céleri au gratin. M. P. connaît aussi l'arme du crime, pour la bonne raison que la carabine .22 Long Rifle lui appartient. Et puis M. P. a déposé sur un compte bancaire, dans une banque luxembourgeoise, juste après la disparition du dealer, de son lieutenant et de l'amie de celui-ci, une douzaine de millions de francs en liquide.

En garde à vue, il explique qu'après le dîner chez lui, il a surpris des hommes cagoulés en train de tuer ses trois amis, peu après leur dîner chez lui, à l'aide de sa propre carabine. M. P. était tombé sur cette scène épouvantable alors qu'il se rendait chez le dealer pour lui apporter de la charcuterie italienne. Mais les hommes cagoulés l'avaient attrapé et obligé à découper les cadavres et à les jeter dans la montagne, à la suite de quoi ils l'avaient laissé repartir bien gentiment. Ce qui lui avait permis de mettre en sécurité, dans une banque luxembourgeoise, l'argent de la glacière, le temps que le dealer, ou son fils, le lui réclame. Là, évidemment, M. P. attendait plutôt que le fils du dealer se manifeste, mais il ne pouvait pas l'appeler lui-même puisqu'il ne connaissait pas son numéro. Le fils du dealer n'a jamais téléphoné au fromager : « Il n'est pas venu non plus, ce bourricot », déplore l'accusé.

Condamné en première instance à trente ans de réclusion criminelle, M. P. a fait appel. Lors du second procès, un témoin secoué par son avocat, Me Éric Dupond-Moretti, bafouille un peu. L'avocat s'engouffre dans la brèche et plaide qu'il ne faut pas se fier aux apparences, qu'un petit (1,60 mètre) fromager de rien du tout n'aurait jamais été de taille à faire un coup pareil et qu'il y a des zones d'ombre dans l'enquête (il y a des zones d'ombre dans toutes les enquêtes, mais les jurés l'ignorent). M. P. est acquitté. Et comme le juge d'instruction a oublié de placer sous séquestre l'argent de la glacière, il est à parier que le fromager a pu le récupérer pour le mettre en lieu sûr, en attendant le coup de téléphone du fils du dealer assassiné après le sanglier au gratin de céleri.

***

Carcassonne vit au rythme du 3e RPIMa (régiment de parachutistes d'infanterie de marine). Aussi, quand la caserne ouvre ses portes, toute la ville va faire un tour pour (re)découvrir ses installations, ses hommes, leurs viriles traditions. Ce 29 juin 2008, le clou du spectacle consiste en une fausse libération d'otages, avec attaque des terroristes au fusil-mitrailleur. La cour de la caserne est comble quand l'exercice démarre. Les bérets rouges attaquent. Drame : l'arme du sergent V. a été chargée à balles réelles, et non à blanc. Par miracle, il n'y a pas de mort. Mais seize blessés de tous âges – le plus jeune a 2 ans et demi, l'énorme munition de guerre a frôlé son cœur –, certains si sérieusement touchés qu'ils porteront les séquelles de l'inconcevable bourde toute leur vie.

Quand le procès de six militaires poursuivis pour blessures involontaires s'ouvre devant le tribunal correctionnel de Montpellier, près de cinq années se sont écoulées, pendant lesquelles la rancœur des victimes et de leurs familles pour les paras du régiment d'élite qui, auparavant, faisaient la fierté de Carcassonne, s'est ancrée, envenimée. Ils ne se sont jamais parlé ; les regards surpris d'un banc à l'autre, au premier jour de l'audience, en disent long.

Et puis le colonel Frédéric Merveilleux du Vignaux prend la parole. L'ancien chef du 3e RPIMa avait quitté ses fonctions avant la fusillade, il n'a pas personnellement supervisé l'organisation des journées portes ouvertes et il aurait donc très bien pu s'en prévaloir pour obtenir un non-lieu. Mais le colonel n'est pas du genre à déserter. Il a insisté pour être jugé au côté de ceux qu'il tutoie et appelle ses « camarades », alors que tous sont d'un grade inférieur au sien. Le colonel Merveilleux du Vignaux a fait khâgne avant Saint-Cyr, c'est un intellectuel d'action, un homme au physique affûté et à la prestance naturelle, un officier comme on en voit sur les images d'Épinal ou les prospectus de l'armée destinés à attirer de nouvelles recrues. Il assume ce qu'il a fait et, plus remarquable encore, ce qu'il n'a pas fait. Il a quitté l'armée, plutôt que de devenir général, car les dérobades des généraux, qui ont laissé les politiques charger les hommes du 3e RPIMa après la fusillade de 2008, l'ont écœuré. De ses « camarades », il dit aux juges : « Ces hommes, je mettrais ma vie entre leurs mains. Si, aujourd'hui, il me fallait un garde du corps, je choisirais le sergent V. Moi, ma vie est derrière moi. Mais s'il vous plaît, donnez-leur une deuxième chance. » Puis, il se tourne vers les victimes : « Je me retrouve ici le plus gradé. Je ne ferai pas de commentaires sur mes chefs, ils n'en valent pas la peine. Oui, je suis responsable humainement. Je me tiens devant vous et revendique cette responsabilité. » Au tribunal, pour conclure : « Je ne sais pas si j'emploie les bons mots, si je les prononce au bon moment… Faites en sorte d'aider les victimes. J'en ai terminé. »

Le soir, après la suspension, des parties civiles se sont approchées du colonel. Pour la première fois depuis cinq ans, les deux camps se sont parlé, les yeux dans les yeux, sans un mot de haine, sans une once de mépris. De loin, le public et la presse assistaient à ce petit miracle, de ceux que la justice, de temps en temps, sait accoucher.

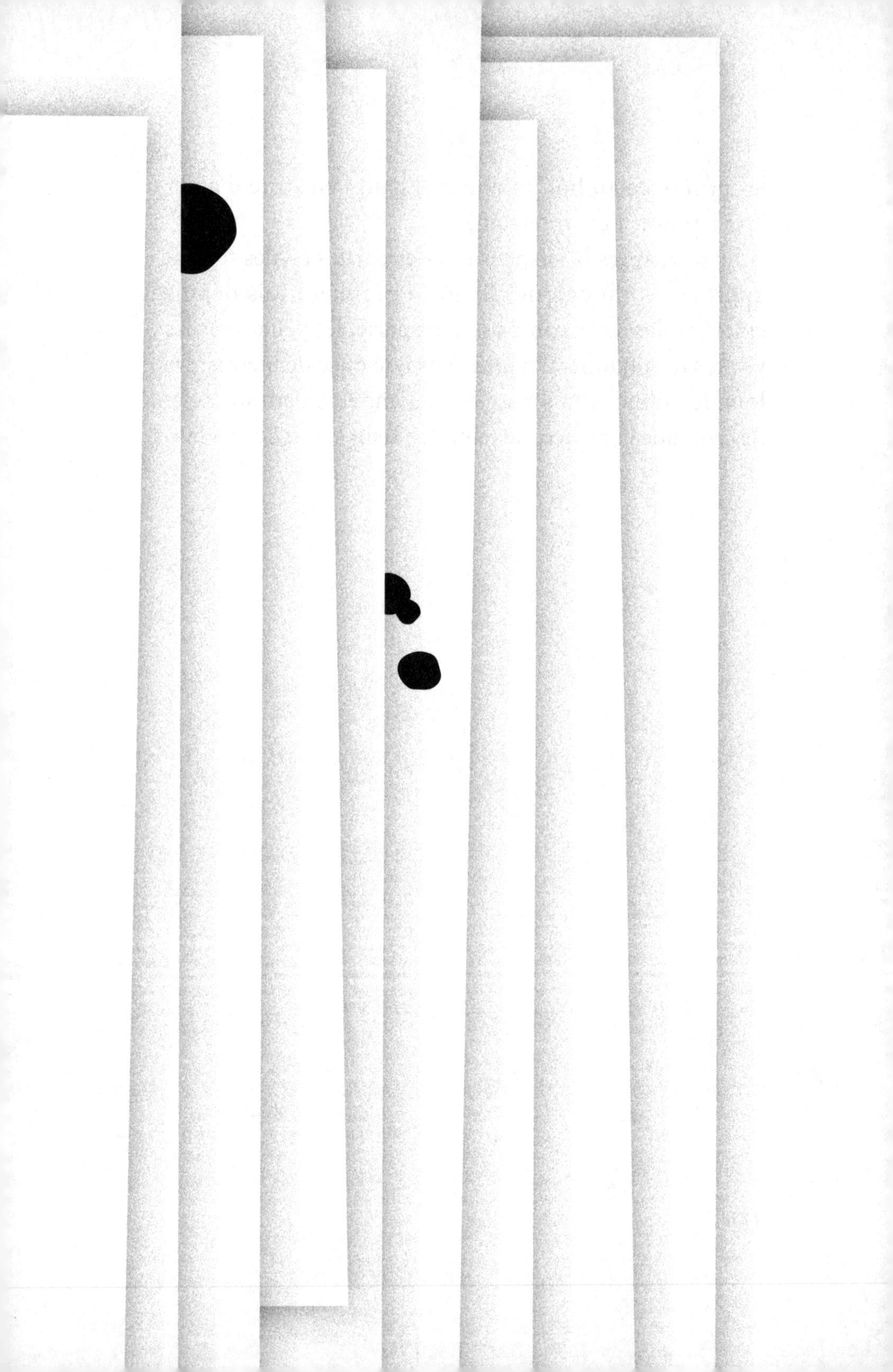

Delta-Charlie-Delta

Soudain, devant le tribunal correctionnel de Rennes qui juge ce mardi 17 mars 2015 deux policiers pour « homicides involontaires », le drame de Clichy ne date plus de dix ans. Il s'est produit il y a trente minutes, à 18 h 12 exactement, quand un arc électrique s'est formé entre Bouna Traoré, 15 ans, et Zyed Benna, 17 ans, à l'intérieur du transformateur EDF dans lequel ils se sont réfugiés après avoir fui la police. Le son crachoteux de la radio de la police résonne dans la salle d'audience. Tout l'enregistrement est diffusé. On bascule dans cette heure infime et vertigineuse, juste après la mort, juste avant les émeutes.

Il est à peine 19 heures et l'UPP 833 Alpha – l'identifiant de l'un des deux prévenus policiers – annonce qu'il se trouve rue des Bois, à Clichy-sous-Bois, « requis par les sapeurs-pompiers, ils interviennent pour des enfants qui auraient été, euh, qui auraient été électrocutés sur le site EDF ». Il poursuit : « Pour l'instant, on est en train d'essayer de régler le problème avec les grands frères qui viennent nous casser les bonbons. » À l'autre bout

Il est 19 h 15,
l'information tombe
sur les fréquences
de la police.
D-C-D, « décédé »,
en langage radio.

du fil, une voix ferme répond : « Modérez vos expressions, si vous avez besoin de renfort, on va vous les envoyer, mais modérez vos expressions ! » Le policier décrit « une dizaine d'individus qui sont à l'entrée du site, il y a en un qui est très virulent ». À nouveau l'UPP 833 : « D'urgence, apportez du monde, il y a les grands frères qui viennent foutre le bordel ! — C'est transmis. » Un policier d'une autre unité intervient sur les ondes : « Les collègues ont besoin d'un coup de main ? — Affirmatif », répond une voix. « Vite, du monde ! » répète l'UPP 833. Au centre de coordination des appels, on sent monter la pression. « Est-ce qu'on peut savoir s'il y a des victimes ? Des mineurs ? Donnez-nous des infos. »

Il est 19 h 15, l'information tombe sur les fréquences de la police. « À l'intérieur du transformateur, il y a deux Delta-Charlie-Delta. — Reçu. » Delta-Charlie-Delta, D-C-D, « décédé », en langage radio.

L'identité de la première victime est annoncée. « Bouna, Bravo-Oscar-Uniform-November-Alpha. » Puis celle de la seconde : « Zyed, Zoulou-Yankee-Echo-Delta. » On entend des cris, au loin. « Ce sont des chagrins et des pleurs », dit le policier. Sa voix est calme, assurée.

Dix jours plus tard, les banlieues se soulèvent.

[illegible]

L'enfant sur la photo

Avant de commencer sa déposition, le témoin tend deux photos au président, Olivier Leurent :

— Je voudrais vous montrer l'enfant que j'étais.

Le visage infiniment gracieux d'un garçon de 10 ans aux longs cheveux bruns tombant en boucles sur ses épaules, aux traits fins, presque féminins, aux yeux gourmands, s'affiche sur les écrans de la cour d'assises.

L'homme commence à parler. Il a été l'un des pensionnaires de cette école alternative qui, dans les années 1980, emmenait des gosses voguer pendant un an ou deux loin de toutes contraintes familiales et scolaires. Les deux anciens dirigeants de l'École en bateau comparaissent aujourd'hui pour de multiples viols et agressions sexuelles commis à bord.

Le témoin veut tout dire, il n'épargne aucun détail. Les caresses, les « massages », les masturbations contraintes, la violence psychologique, l'élection de l'un ou l'autre jeune pensionnaire dans la couche des adultes.

L'atmosphère devient lourde, nauséeuse. La cour et les jurés écoutent parler cet adulte de 45 ans, vêtu d'un pull à col roulé un peu lâche, le cheveu rare et gris, le visage barré de lunettes. Mais ils ne peuvent détacher leurs yeux de la photo de l'enfant rieur que, à dessein, le président a laissée affichée devant eux.

Dévots

Ils vont à l'audience comme en procession. Se saluent de manière exclusive, restent groupés, se méfient de ceux qu'ils ne connaissent pas, considèrent la presse d'un œil goguenard ou hostile. Ils partagent des biscuits pendant les suspensions, puis le soir, repartent ensemble, dans une troménie en sens inverse, prendre le métro ou le RER. En toute occasion, ils tentent d'approcher l'accusé et d'échanger quelques mots avec lui, pour bien montrer au monde ce à quoi il est bon de croire. Si l'accusé en salue l'un et oublie son voisin, le voisin est vexé. Il existe entre eux une hiérarchie tacite, au sommet de laquelle trônent ceux qui tutoient l'accusé. Mais pendant les débats, ils pouffent tous en même temps (quand le camp adverse prend la parole), et s'illuminent dans un seul et même sourire triomphant (quand leur champion intervient). Pour eux, le procès est une cause sacrée. Il y a longtemps qu'ils ne raisonnent plus sur l'affaire : ils ont la foi.

Les dévots constituent des comités de soutien. La plupart du temps, ils sont la hantise des avocats de leur

La plupart
du temps, ils sont
la hantise
des avocats
de leur idole,
qui savent bien
l’effet désastreux
que produisent
les illuminés sur
les juges, les jurés
et, accessoirement,
les journalistes.

idole, qui savent bien l'effet désastreux que produisent les illuminés sur les juges, les jurés et, accessoirement, les journalistes. Mais ils s'accrochent. On les a vus au procès de Jean-Michel Bissonnet, condamné pour avoir commandité l'assassinat de son épouse, à Montpellier. Ou encore au dernier procès de l'affaire d'Outreau, tant sous la forme de militants de la cause des enfants maltraités, très agressifs, vêtus de tee-shirts noirs frappés du logo d'une association activiste, que sous la forme plus familière de dévots de base, en souliers confortables et bon marché (sandales en saison), chemisettes manches courtes pour ces messieurs, châles tricotés pour ces dames.

Jérôme Kerviel, l'ancien trader de la Société générale condamné à cinq ans de prison, dont trois ferme, et 1 million d'euros d'amende pour avoir fait perdre près de 5 milliards à la Société générale, peut s'enorgueillir d'avoir rallié à lui la plus importante cohorte de dévots. Fait remarquable, son avocat de l'époque, Me David Koubbi, s'en accommode et n'hésite pas à parader en leur compagnie – même si, il faut le reconnaître, il n'a pas trop le choix. Les dévots de Jérôme Kerviel, c'est un peu un Village People judiciaire : il y a le curé en col romain qui maudit les journalistes mais se débrouille tout le temps pour passer à la télévision, le professeur d'université plus malin que tout le monde qui ne demande qu'à accorder des entretiens, le président du comité de soutien qui se présente sur son compte Twitter comme « militant iconoclaste, ancien boy-scout égaré en politique », quelques dames à biscuits qui gigotent quand plaide Me Jean Veil, l'avocat de la Société générale.

Jérôme Kerviel et Me Koubbi veulent faire croire à la multitude que le pape François, qu'ils ont pu approcher quelques instants au Vatican lors d'une cérémonie publique en plein air, fait partie de leurs dévots, mais les seuls à en être réellement persuadés, ce sont les autres dévots.

Cochons

Généralement soudés pendant la durée de la procédure et de l'audience, le client et son avocat s'éloignent, le plus souvent, une fois que l'affaire est terminée. Qu'il ait gagné ou perdu, le client n'aime pas revoir celui qui lui rappelle de mauvais moments, un peu comme le patient qui a réchappé d'une maladie grave répugne à croiser son cancérologue, qui l'a connu affaibli et dépendant.

Il arrive qu'au contraire le justiciable garde de celui qui l'a accompagné un souvenir ému et qu'il veuille, à sa manière, lui manifester sa gratitude. C'est le cas de Loïc Sécher. Cet agriculteur avait été accusé de viol par une adolescente, et condamné pour ce crime. Puis, la jeune fille avait avoué qu'elle avait menti, et que le malheureux ne lui avait jamais rien fait. À l'issue d'un procès en révision, Loïc Sécher a été acquitté. Pour ne jamais oublier ce qu'il devait à son dernier avocat, il a baptisé ses deux cochons préférés « Dupond » et « Moretti ».

Chien

Il fallait le voir sur pied, ce François-Marie Banier. Voir pour de vrai ce à quoi ressemble un homme accusé d'avoir délesté d'un milliard d'euros la femme la plus riche de France, Liliane Bettencourt, l'héritière du fondateur de L'Oréal dont la fortune augmentait, justement, d'un milliard par an.

Bordeaux, mai 2016, cour d'appel. Voici Banier. Il a une tête de Zébulon plus que d'escroc. De faux airs de John Malkovitch, en moins sec, en moins inquiétant. C'est important, ce moment où l'on met un visage sur des lignes de journal. La chair, c'est autre chose que l'encre.

En photo, Banier a l'air petit et machiavélique, il est en réalité grand et complètement foutraque. Pour son procès en appel, il porte un chandail chamarré sous un costume prince de Galles. Il ne se sépare pas d'un calepin dans lequel il note tout le temps plein de choses, qu'il agrémente de dessins. On l'aurait bien vu arrogant avec les petites gens mais pas du tout, au palais de justice, il devient le meilleur copain de la greffière.

Quand on voit
Banier pour
de vrai,
on comprend
que c’est un enfant
déguisé en homme
de 68 ans.

Et aussi des policiers, qui lui font visiter les plus belles salles pendant les suspensions. Il y fait le clown avec ses avocats, les policiers se tiennent les côtes jusqu'à ce que l'un d'eux se souvienne qu'une audience correctionnelle n'attend plus que lui pour reprendre. Dans la rue, des inconnus viennent à sa rencontre, il discute avec tous. Il paraît qu'un jour il a escaladé, pour s'amuser, les grilles de la cathédrale. À Bordeaux, il logeait rue de l'Esprit-des-Lois. Quand on voit Banier pour de vrai, on comprend que c'est un enfant déguisé en homme de 68 ans.

Un soir, Mes Pierre Cornut-Gentille et Laurent Merlet, ses avocats, dînent avec une poignée de journalistes. Il y a aussi autour de la table Guillaume Didier, un expert en communication, ancien porte-parole du ministère de la Justice, engagé il y a quelques mois pour surveiller Zébulon, l'empêcher d'aller directement au contact de la presse, parce qu'il est capable de dire n'importe quoi – le cauchemar des experts en communication. D'ailleurs, Mes Cornut-Gentille et Merlet ont enjoint à leur client d'aller prendre l'air et de ne pas paraître au restaurant.

Tout se passe le mieux du monde, le dîner est très bon. Sur les coups de 23 heures, alors qu'on va bientôt partir, François-Marie Banier, bravant l'interdit, fait son entrée. Un couloir long et étroit permet d'accéder à la petite salle où se trouvent les convives. Banier le parcourt à quatre pattes en poussant des « ouah ouah ! », et il vient poser sa tête sur la cuisse d'un des journalistes, comme s'il attendait une caresse et un sucre. L'expert en communication est consterné, des mois de travail sont peut-être réduits à néant. À part lui, tout le restaurant, patron compris, se gondole.

C'est un luxe offert aux chroniqueurs judiciaires que de pouvoir porter un regard différent sur les chiens à qui tout le monde jette des pierres.

Georges Kiejman

Georges Kiejman prend le frais à la fenêtre d'une chambre d'hôtel. Le Ritz, évidemment. Derrière lui, sur le lit en désordre, une jeune femme, très belle, est alanguie. Le palace jouxte le ministère de la Justice, et le garde des Sceaux, à l'époque, s'appelle Robert Badinter. « Je me demandais qui, de Robert ou de moi, à cet instant, était le plus heureux », se souvient-il.

Celui des deux hommes qui n'a pas aboli la peine de mort a beaucoup d'ennemis mais très peu de rivaux. Il faut voler haut pour lui disputer la couronne. « Je suis le deuxième meilleur avocat de France », aime-t-il à plaisanter. Il précise tout de suite : « Je ne sais pas qui est le premier. » Georges Kiejman est une caricature d'immense avocat : il possède toutes les qualités des meilleurs et aussi, et surtout, la totalité de leurs défauts. Il est colérique, injuste, cabot, filou, dilettante, travailleur, sincère, modeste face à l'échec, fidèle en amitié. Cultivé, mondain, pas dupe de ses faiblesses et encore moins de celles de ses contemporains.

« Je suis
le deuxième
meilleur avocat
de France »,
aime-t-il
à plaisanter.
Il précise :
« Je ne sais pas
qui est le premier. »

Georges Kiejman est un homme terriblement vivant. Il s'est marié trois fois – la comédienne Marie-France Pisier fut l'une de ses épouses – et a été amoureux plus souvent encore. Ses anciennes conquêtes n'échappent pas au châtiment de son verbe. Quand Laure Adler vient évoquer avec lui la liaison passionnée qu'il a entretenue avec Françoise Giroud, de quinze ans son aînée, et lui demande : « Était-elle belle ? », Kiejman répond : « Oui, quand elle était assise. » Il jure avoir été mortifié de retrouver sa phrase dans la biographie que la journaliste a consacrée à l'ancienne patronne de *L'Express*. Mais il la répète avec tant de plaisir que l'on doute de son remords. Ce goujat romantique a connu de grands chagrins d'amour. Sous le coup de l'un d'eux, il saute dans n'importe quel avion pour se retrouver en Europe du Nord. Là, désœuvré, il s'envoie à lui-même une carte postale ainsi libellée : « Ne vois-tu pas que tu te rends complètement ridicule aux yeux de tes amis ? » Des années plus tard, il raconte la scène, en rit, récite au restaurant, du premier au dernier vers, « Il n'y a pas d'amour heureux » d'Aragon.

Il a défendu Montherlant, Godard, *Charlie Hebdo* ou Polanski et plus généralement, tout ce que Saint-Germain-des-Prés compte d'intellectuels célèbres, lu presque tous les livres mais rien ne lui ferait rater un épisode de la série télévisée *Plus belle la vie*. Quand il plaide, Georges Kiejman met, comme personne, au service de sa cause, une mauvaise foi magnifique et une cruauté ancrée dans une intelligence aiguë de l'audience. Sa voix est tranchante, impitoyable ; on pense, quand cette voix-là s'empare de sa plaidoirie, à la formule de Flaubert : « J'aime par-dessus tout la phrase nerveuse, substantielle, claire, au muscle saillant et à la peau bistrée. » Le verbe de Georges Kiejman, étincelant, se permet tout, rivé au dossier et au droit, mais folâtrant au besoin dans un répertoire comique, galant, érudit, ou les trois à la fois. Puis, de rage, il rugit, et l'on tremble devant cette détermination intacte de conquistador.

Il ne cherche pas à gagner, mais à terrasser l'adversaire, accable de sarcasmes ses contradicteurs – « Ne vous essayez pas à l'insolence, vous perdriez le peu de talent que vous avez ! » lance-t-il à l'un de ses confrères qui tente de l'interrompre. Il feint de se soumettre à un autre, qui s'agace de ses questions : « C'est vrai, je suis un homme subtil et compliqué. Ce n'est pas comme vous, maître » – et n'aime rien tant que moquer les boursouflures inefficaces de tel « immense ténor de province ». Ses inimitiés avec ses confrères Olivier Metzner ou Thierry Lévy, tous deux disparus, ont fait les grandes heures des coulisses de palais. D'une drôlerie féroce, d'une habileté supérieure, Georges Kiejman est tour à tour Gengis Khan et Machiavel. En 1976, il défend

Pierre Goldman, militant d'extrême gauche condamné à mort pour un hold-up sanglant, boulevard Richard-Lenoir, rejugé après cassation. Goldman avait aussi désigné Émile Pollak, icône du barreau de l'après-guerre mais icône vieillissante. Les relations entre Kiejman et Goldman sont orageuses. Le client décide de le congédier. Émile Pollak écrit alors à Pierre Goldman : « C'est peut-être une excellente nouvelle pour moi, je ne suis pas certain que c'en soit une pour vous. » Kiejman est repêché. Au procès d'Amiens, demeuré dans les annales, il convainc les jurés que les policiers ont triché pour envoyer Goldman, leur bête noire, à la guillotine.

Avant de devenir un grand avocat, Georges Kiejman a été un petit garçon dont les nazis ont assassiné le père. Il était, lui, caché avec sa mère et sa sœur dans le centre de la France – il tire de cette souffrance une plaisanterie – « Nous, les juifs du Berry… » – et un insatiable appétit de lumière.

De haute taille, large d'épaules, il porte au palais une robe signée Jean Patou, à la ville des chemises Charvet élégamment élimées couleur ciel à poignets mousquetaire, des cravates rouges, des complets bleu marine souvent croisés, des feutres à large bord.

On l'a connu, dans une parenthèse politique cocasse, courtisan de François Mitterrand, alors que le seul homme qu'il ait aimé, c'est Pierre Mendès France.

Pourtant, il a gravi la roche de Solutré avec d'autres flatteurs et accepté des ministères dans lesquels il n'a jamais eu aucun pouvoir. Georges Kiejman, grand officier de la Légion d'honneur, qui dépense plus qu'il ne gagne, a payé son obole aux vanités de la République. Pas à celle du barreau : il prête serment en 1953 et deux ans plus tard, lauréat d'un concours d'éloquence, devient l'un des douze secrétaires de la Conférence du stage, « cette sorte d'internat du bagout pour les jeunes avocats ambitieux », selon la jolie définition de Me Henri Leclerc. Sa promotion désigne comme premier secrétaire de la suivante un certain Jacques Vergès, ce qui prouve qu'à l'époque le niveau était relevé. À part cela, Georges Kiejman, qui n'a pas l'esprit de meute, n'a jamais été membre du conseil de l'Ordre, encore moins bâtonnier.

« Déplorant d'être du monde et craignant de ne plus en être, Georges Kiejman pourrait être le plus grand avocat contemporain si ne le retenait quelquefois comme une sorte de lassitude, comme un sens profond de la vanité de toutes choses, une perception précise de la dérision, de ce que l'homme est mortel et son œuvre périssable », écrivait de lui en 1978 le journaliste du *Monde* Philippe Boucher, qui ajoutait : « À moins que pour toutes ces raisons précisément, il ne soit le plus grand. »

Ressenti

Le mot se glisse partout. On se doute qu'il va être prononcé à un moment ou à un autre pendant le procès, mais par qui ? Ce témoin, qui semble très réceptif aux émotions en tout genre, va-t-il, dans une minute, nous faire part de son *ressenti* ? Le président va-t-il l'inviter à nous le dévoiler ? À moins qu'un avocat de la partie civile, tout à l'heure, ne nous offre le sien ou, pire encore, le *ressenti* de son client passé au crible de son *ressenti* de professionnel averti. On y aura droit, de toute façon. Le mot nous vrillera le tympan comme le crissement de la craie sur un tableau noir.

Un *ressenti* n'est rien. C'est un terme inventé pour donner de la consistance à ce qui n'est qu'une impression – rien qui vaille aux assises. Mais en ces temps incertains où la victime est tout et où il suffit d'avoir l'impression d'en être une pour devenir quelqu'un, le *ressenti* devient roi, alors qu'il n'est que l'assassin de l'intelligence.

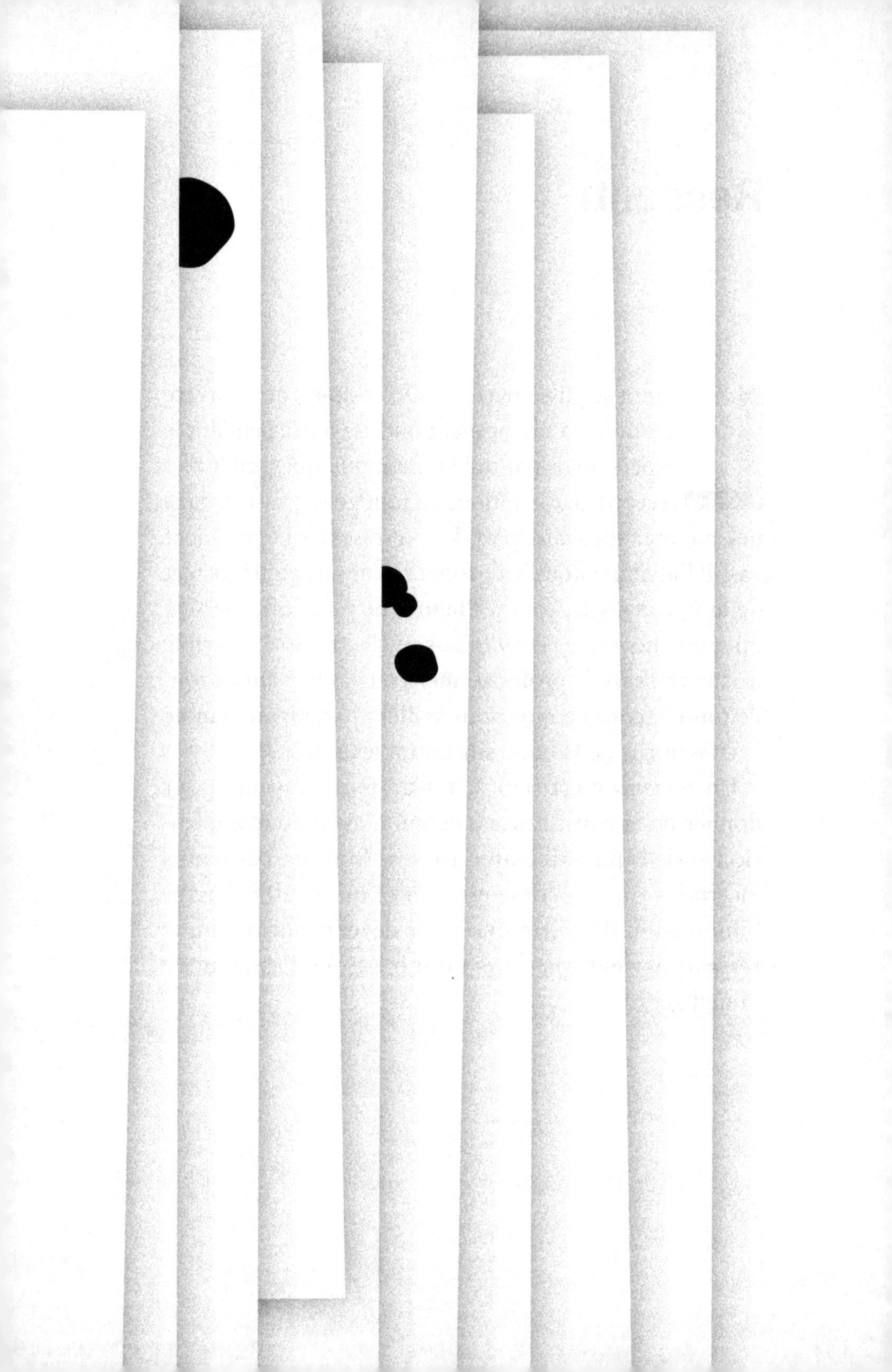

Bagout

Le voyou professionnel se reconnaît immédiatement lorsqu'il comparaît devant une cour d'assises. Pour lui, l'épreuve fait partie du métier, c'est une sorte de service après-crime dont il se passerait volontiers mais qui ne le rebute pas plus que cela. Par conséquent, il est généralement assez à l'aise dans le box. Tour à tour goguenard, enjôleur ou insolent comme un page, il tient tête à ses contradicteurs. Ce qui distingue à coup sûr le voyou professionnel de n'importe quel autre accusé, c'est qu'il a réponse à tout. Le droit au silence ne l'intéresse pas, et il ignore le « je ne sais pas ». Il peut opter, à la rigueur, pour le « je ne me souviens plus », à condition que personne ne le croie. Car le voyou professionnel ne s'exprime pas pour être cru : il parle pour payer une gabelle à la justice. Son verbe n'a pour fonction que de l'installer dans un rôle, mieux, un statut dont il est fier : celui de malfaiteur.

Jean-Claude Bonnal, alias « le Chinois », est l'un des représentants de cette caste à part. Il a toujours été délinquant et, dès son plus jeune âge, s'est rompu à l'art de répondre aux interrogatoires. Connu pour sa propension à sombrer dans la violence la plus extrême en cas de pépin, il n'est pas réputé pour sa grande subtilité ; c'est la raison pour laquelle les pointures du grand banditisme ont vite renoncé à faire équipe avec lui – trop chien fou. Partenaire peu prisé pour un braquage ou un rapt avec demande de rançon, M. Bonnal n'en reste pas moins un expert remarquable du parler pour ne rien dire. Un jour qu'il est interpellé une énième fois, au petit matin, dans un hôtel miteux de la banlieue parisienne, il se voit demander par un enquêteur quelle est la nature de la poudre brunâtre découverte dans un petit sachet de plastique. « C'est un produit pour faire briller les enjoliveurs de voiture », répond le Chinois. Le laboratoire de la police établira sans aucune difficulté qu'il s'agit d'héroïne, mais notre homme a rempli son contrat de voyou : il a répondu quelque chose à une question, sans aider en quoi que ce soit les représentants de l'ordre.

À l'un de ses procès, devant les assises du Val-de-Marne, pour deux carnages survenus sur des hold-up qui ont mal tourné (sa spécialité, six morts au total), Jean-Claude Bonnal décline son état civil à la présidente. Profession ? « Vendeur de téléphones portables », répond-il. Les débats commencent, mais une querelle entre la défense et l'avocat général s'envenime, le procès est rapidement interrompu et renvoyé à une date ultérieure.

Revoici les mêmes protagonistes réunis, quatre mois plus tard, à Créteil. La présidente, comme elle en a le devoir, reprend de zéro son interrogatoire de curriculum vitæ :

— Profession ?

— J'étais cuisiniste, à la recherche d'un emploi.

— *(Très surprise)* Comment ça, « cuisiniste » ?

— *(Agacé)* Oui, cuisiniste, celui qui installe des cuisines, c'est un métier comme un autre.

— J'entends bien, mais il y quatre mois vous m'avez dit que vous étiez vendeur de téléphones portables…

— Euh, oui, madame la présidente, mais entre-temps j'ai appris que la boutique avait fait faillite.

— *(Exaspérée)* Bon, mais alors quelle était votre profession ?

— Vendeur de téléphones portables.

***

Antonio « Nino » Ferrara est l'un des bandits les plus connus de France. Un groupe de complices l'a fait évader en 2003 de la prison de Fresnes en attaquant l'établissement pénitentiaire au bazooka – opération d'une audace inouïe, conduite sans qu'il y ait eu mort d'homme, le seul blessé étant l'un des assaillants. Le procès des membres supposés du gang a eu lieu à Paris, en 2008, avec des mesures de sécurité extrême, ce qu'on peut comprendre. Dans le box, une formidable brochette d'accusés, parmi lesquels un certain Karim B., à l'époque déjà condamné à quatre ans de prison pour vols avec violence, tentative de vol en réunion en récidive, recel de vol et usage de fausses plaques. Malin comme un singe, il décide de donner de lui une image aussi éloignée que possible de celle d'un type encagoulé, armé jusqu'aux dents et prêt à tout, parti à l'assaut d'une prison française – d'autant qu'il n'existe pas à son encontre de preuve irréfragable.

La présidente :

— Vous avez un surnom ?

— Mon seul surnom, c'est « Papa », et c'est mes enfants qui m'appellent comme ça.

— Vous aimez le cinéma ?

— Oh oui. Mon film préféré c'est *Romeo in love.*

— Vous voulez dire *Shakespeare in love* ?

— Oui, c'est ça, avec Gwyneth Palrow.

— Vous lisez ?

— Oh oui, beaucoup.

— Quel livre, en ce moment ?

— *Humain, trop humain,* de Nietzsche.

— Je vois au dossier que vous avez obtenu un prix, en détention…

— Oui, madame. C'était un concours de poésie, organisé pendant le Printemps des poètes. J'ai gagné le premier prix, 60 euros, avec lesquels j'ai offert un bouquet de fleurs à ma femme.

***

Mais le champion toute catégorie, c'est Antonio Ferrara lui-même. Une fois repris après son évasion de Fresnes, il a été détenu pendant des mois dans des conditions d'une extrême dureté, mais cela n'a pas eu l'air de le démoraliser. Petit gabarit, œil de braise et barbe de trois jours, cet Italien d'origine sait faire sourire les jurées. Ses interrogatoires sont des régals.

La présidente :

— Pouvez-vous nous parler de votre père ?

— J'évite de parler de ma famille devant un tribunal.

— Je lis au dossier qu'il a eu, comme tous vos frères, des difficultés judiciaires. De quel ordre ?

— Je n'en ai aucune idée, je vous assure.

— Votre frère aîné ?

— Il s'appelle Luigi. Il vend des crevettes en Amérique du Sud.

— Il a eu des problèmes en France ?

— Je pense que oui. À vrai dire, je n'ai pas beaucoup de nouvelles de lui.

— Vous avez un autre frère, Claudio.

— Il est en Amérique du Sud, il vend des crevettes avec Luigi. Il a rencontré des problèmes aussi en France, il l'a eue mauvaise parce qu'il est innocent.

— Vous avez des nouvelles de lui ?

— *(Air navré)* Je n'ai pas de portable, madame la présidente. *(Rires dans la salle.)*

— Votre père vendait des pizzas dans un camion. Mais à la psychologue, vous avez déclaré que c'était « un leurre ». Qu'entendez-vous par « leurre » ?

— Oui, madame la présidente. Il y avait écrit « pizzas » en gros, mais il n'y avait que des sandwiches. C'est ça, le leurre. Vous pensiez à autre chose, madame la présidente ? C'est bizarre, ces idées mal placées. *(Rires dans la salle.)*

— Quand il a été interrogé, votre père a déclaré, en parlant de vous : « Je ne lui ai jamais mis de claques parce qu'il ne m'en a jamais donné l'opportunité. »

— *(Hilare)* Il aurait peut-être dû, non ?

— Votre scolarité ?

— Ça marchait pas trop. Il y avait une part de fainéantise, pour être franc.

— Ensuite vous vous orientez vers la maçonnerie : ça vous plaisait ?

— Honnêtement, pas vraiment. Mais c'était ça ou la couture. *(Rires dans la salle.)*

— Vous n'avez eu aucun ennui judiciaire étant mineur. Comment expliquez-vous le basculement, par la suite ?

— On en discutera quand on attaquera le gras, si vous voulez bien. *(La présidente insiste)* C'est en 1995 [il est né en 1973] qu'ont démarré mes problèmes. Il y avait eu une razzia dans le quartier pour un trafic de stupéfiants, je n'y étais pour rien mais j'avais peur, je me suis mis en cavale. *(Sur le ton de l'évidence)* Comme quoi, même quand on n'a rien à se reprocher, on peut se retrouver dans un box.

— Il y avait du trafic de drogue, dans votre cité ?

— Paraît-il. Je n'ai jamais rien vu. En fait de cavale, c'était une affaire à trois sous, quelques grammes de shit. Je vivais chez le voisin – on est très solidaire dans les quartiers.

— Comment s'appelait-il, ce voisin ?

— *(Immense sourire)* Franchement, je ne me souviens plus de son nom.

On en arrive à un autre épisode de la vie de l'accusé. Bien avant de quitter Fresnes sans y avoir été autorisé, Antonio Ferrara s'était évadé d'une autre maison d'arrêt. Prétextant un problème médical, il s'était fait la belle lors de son transfert vers un hôpital, avec l'aide de complices aguerris.

La présidente :

— Comment saviez-vous que vous sortiriez ce jour-là ?

— *(Agitant l'index comme s'il sermonnait un garnement trop indiscret)* Ha ! Ha ! *(Rires dans la salle.)*

— Cette évasion a été suivie par une cavale de quatre ans. Où étiez-vous ?

— J'ai voyagé : Espagne, Maroc, Italie...

— Avec quel argent ?

— Ça, c'est une question qui sent les menottes ! *(Rires dans la salle.)*

— Lors de votre arrestation, vous aviez 3 000 euros sur vous.

— Non, 1 200 euros. Je faisais les parcmètres, à l'époque.

Antonio Ferrara n'a jamais été condamné pour braquage de parcmètres, le seul délit qu'il ait pourtant avoué.

Album photos

Le légiste a préparé le terrain, en noir et blanc pourrait-on dire. Debout au micro, son rapport sous les yeux pour se souvenir de chacune des sept victimes, il a énuméré les plaies, pointé du doigt son propre cou pour montrer aux jurés, dans un large mouvement circulaire, où commence et où s'achève un égorgement. Chaque parcelle de corps humain porte un nom, pour le légiste, qui nomme donc, sur un ton clinique, l'un après l'autre, les vaisseaux, les os, les muscles et les vertèbres des sept jeunes femmes qui ont rencontré la lame du couteau Opinel n° 12 de l'assassin après qu'il les avait violées. Mais là, au procès de Guy Georges, que la presse avait surnommé, dans les années 1990, « le tueur en série de l'Est parisien », on n'entend plus ces mots inconnus, on ne regarde que le doigt et le cou.

Le président décide de faire circuler l'album photographique. Il s'agit des dizaines de clichés pris par les techniciens de la brigade criminelle sur les scènes de crime, tantôt des appartements, tantôt des parkings.

Au fur et à mesure, les visages pâlissent, les traits se crispent. Certains refusent d'aller plus loin et détournent le regard. La cour d'assises est figée dans un silence sépulcral.

Les jurés s'en emparent et commencent à parcourir les pages. Au fur et à mesure, les visages pâlissent, les traits se crispent. Certains refusent d'aller plus loin et détournent le regard. La cour d'assises est figée dans un silence sépulcral. Le public ne voit pas les images mais l'effet qu'elles produisent sur les gens comme eux, tirés au sort pour juger l'homme du box. Ils sont écœurés par procuration.

Quand la cour et le jury ont vu, l'album passe sur les bancs de la partie civile. Quelques journalistes sont assis derrière. Les proches des victimes ou leurs avocats, comme par politesse, ne déclinent pas l'invitation du président à jeter un œil sur les photos. Elles feuillettent rapidement le volume. On ne voit, par-dessus leurs épaules, que les larges traînées rouges qui teintent les carnages et, soudain, on saisit au vol un gros plan sur une gorge ouverte. Quand vient le tour de l'accusé, il refuse de regarder. Il avait déjà tout vu. Le procès de Guy Georges était un procès rouge.

***

La tête de l'homme ressemble à celle d'une poupée vaudou, traversée de longues et fines tringles, comme après un rite maléfique. Les baguettes sont au nombre de trois. Elles définissent des trajectoires dans le crâne.

Le corps dénudé de l'homme, dont on ne voit que la partie supérieure, est livide. Des mains gantées de latex le maintiennent à demi assis pendant qu'un technicien prend les photos, de manière à ce qu'on distingue clairement les angles et les orifices. Les photographies en noir et blanc montrent la mort en train d'être mesurée.

Ce mort-là était préfet. Claude Érignac a été assassiné le 6 février 1998. Trois balles de calibre 9 mm, tirées par derrière, dans la nuit d'Ajaccio.

***

C'était la photographie n° 27. Tout le monde savait que ce serait dur, personne n'imaginait à quel point. On a arrêté de respirer, comme pour une apnée douloureuse. La photo n° 12, déjà, annonçait un choc imminent : on y voyait des hommes-grenouilles remonter une sorte de paquet. On savait ce qu'il y avait dedans, mais tant qu'on ne le voyait pas, on tenait le choc. Le président, Dominique Pannetier, avait expliqué que ces clichés seraient projetés « à la demande des jurés », et personne n'avait protesté, pas même l'avocat de l'accusé Tony Meilhon. On a visionné pour commencer de médiocres photos de paysage, comme lors d'une ennuyeuse soirée diapositives, retour de vacances. Plus on s'approchait de l'eau, plus l'atmosphère devenait étouffante.

Photographies n°s 14, 15, 16, 17, 18, 19… L'huissier énumère d'une voix ferme, les gorges se nouent, Tony Meilhon, indifférent, s'absorbe dans ses notes.

Photographie n° 27. Plein pot sur les écrans de la cour d'assises de Loire-Atlantique. Le vertige. La nausée. La compassion. La tête de Laetitia Perrais, enserrée dans un grillage. Les yeux mi-clos, qui nous scrutent. Le séjour de quelques semaines dans l'eau glacée a peu abîmé le visage de la jeune fille. Des traces de coups violents sont parfaitement visibles. Deux jurées détournent le regard, au bord du malaise.

D'autres photographies suivent. Le tronc de Laetitia qui flotte sur un étang. Chairs blafardes, liens noirs. Penser à autre chose. Poupées de Bellmer. Autre chose, pitié. Nouvelles photos. La Peugeot 106 volée par Tony Meilhon, au volant de laquelle il avait renversé Laetitia avant de la jeter dans le coffre, comme l'ogre, l'enfant dans sa hotte. Les enquêteurs ont enlevé la banquette arrière. Sur la tôle mise à nu subsistent de grandes traînées rouge-noir.

Tony Meilhon a découpé Laetitia en six morceaux. Il a prétendu qu'il ne l'avait pas tuée. À son procès, elle l'a dénoncé de ses yeux morts.

La lettre dans le cercueil

Vincent avait 18 ans quand sa petite amie, qui avait le même âge que lui, a été assassinée. C'était en mai 1995. Juste avant que son cercueil ne soit scellé, il avait glissé une lettre d'amour dedans. Le procès du meurtrier de la jeune fille, identifié bien des années plus tard par son ADN, s'est tenu en octobre 2016 devant la cour d'assises du Nord à Douai. Le jeune garçon d'hier est devenu un homme de 40 ans, qui témoigne à la barre. La présidente évoque sa lettre. À la façon dont elle en parle, il comprend qu'elle a sous les yeux ses mots de lycéen amoureux dévasté de chagrin. Vincent vacille. Il ignorait que le cercueil de son amie avait été rouvert à la demande des enquêteurs lorsqu'ils avaient appris l'existence de ce courrier. À l'époque, ils devaient tout vérifier et la lettre figure parmi les milliers de pièces du dossier d'instruction. La présidente voit le trouble du témoin et lui dit d'une voix douce : « Ce n'est qu'une photocopie, monsieur, rassurez-vous, l'original est resté là où vous l'aviez déposé. »

Mouchoirs

Maître Henri Leclerc est l'un des plus grands avocats français. S'il était inscrit au barreau de Tokyo, il aurait été élevé depuis longtemps à la dignité de « trésor national vivant » ; comme il est inscrit à l'ordre de Paris, toque PO 110, il est seulement une légende, à son corps défendant. On l'appelle « Henri », pas besoin de préciser, il n'y a qu'un « Henri » tout court et c'est Leclerc.

Ce matin-là, devant les assises de la Haute-Garonne, il joue au vieux monsieur. Il commence comme cela : « Il y a cinquante-trois ans que je suis avocat. » Certains jurés n'étaient même pas nés quand il a acheté sa première robe. Il enchaîne : « Rarement j'ai senti le poids d'un procès dans lequel un homme, pris comme dans une toile d'araignée, se débat parce qu'il est innocent. Je tremble d'émotion comme au premier jour : il y aura peut-être, ce soir, un innocent en prison et des enfants qui pleureront. » Sublime boniment : il l'a ressenti mille fois, ce poids sur ses épaules aujourd'hui un peu voûtées. En trois ou quatre phrases, Henri

Et la gueule
de tueur,
avec ce nez
tout cabossé,
elle a été façonnée
par cette mère
qui rossait
ses enfants
à coups de
casserole.

Leclerc a tout dit : j'ai l'expérience, à mon âge on ne sait plus mentir, ou on n'en a plus envie, mon client est innocent, je suis le grand-père de ses enfants et le vôtre aussi, vous devez acquitter.

Il plaide à Toulouse pour un professeur de droit accusé d'avoir tué sa femme. C'est un dossier sans cadavre, sans mobile, sans témoin, sans aveu, sans preuve scientifique. Mais il y a deux ou trois choses qui embarrassent la défense et ont permis à l'avocat général de requérir, la veille, quinze à vingt ans de réclusion criminelle. Parmi ces détails, des gouttelettes du sang de la disparue, retrouvées à divers endroits – entre autres sur le rebord de la baignoire – dans la maison qu'habitaient la victime, son époux et leurs trois enfants. Des traces si ténues qu'elles ne prouvent rien mais, aux assises, qui dit « sang » chuchote « crime » et cela, un avocat ne peut le laisser passer.

Me Leclerc en vient doucement à ces taches rouges. Le vieux monsieur parle de sa vie de vieux monsieur en déplacement professionnel : « Hier matin, je me rase à l'hôtel. Ma peau est fripée, ma main tremble un peu, je me coupe et du sang coule sur mon peignoir. Je me tamponne avec un mouchoir en papier et je le jette dans la corbeille. »

Tout en parlant, il s'approche des jurés, en traînant la jambe, comme si chaque pas lui demandait un effort considérable. Il est maintenant tout près de la cour : « Et puis je me dis : mais non, il faut montrer ça à mesdames et messieurs les jurés. »

Henri Leclerc est maintenant sous le nez de la cour. Sa vieille main fourrage à l'intérieur de sa robe tout élimée, et elle en ressort en brandissant un Kleenex dégoûtant, plein de croûtes brunâtres, celui qu'il est allé récupérer dans la poubelle de sa chambre d'hôtel : « Des gouttes de sang, ça ne prouve rien ! On se coupe tout le temps dans une maison, quand on se rase, quand on se rase les jambes, aussi. » Il remet le mouchoir dans sa poche et passe à autre chose.

Le sang de l'avocat a lavé le sang du dossier. Quatre heures plus tard, les jurés ont acquitté Jacques Viguier et rajeuni Henri Leclerc de cinquante-trois ans.

***

Il est ambulancier mais il a une gueule de meurtrier. Teint terne, visage long sur un corps grand et vigoureux, front bas, regard court, nez de boxeur. Parfait pour tenir le rôle de l'accusé devant la cour d'assises de Paris.

Jean-Louis Catineau a, certes, le physique de l'emploi, mais son crime est assez singulier. Son second crime, du moins. En 1993, il a tué Régine, sa compagne, d'un coup de couteau. Mobile passionnel retenu, douze ans de réclusion criminelle. En prison, il entretient une correspondance avec Thérèse, qu'il épouse à sa sortie. Deux mois plus tard, déjà, elle en a assez de l'ambulancier et déclare à qui veut l'entendre qu'elle va divorcer. Mais Jean-Louis Catineau ne veut pas qu'on le quitte : il défonce la porte de l'appartement de Thérèse et la tue de quatorze coups de couteau, dans la chambre des très jeunes enfants de la victime, sous leurs yeux. Le crime passionnel en récidive est rarissime, mais un expert psychiatre connu, le docteur Roland Coutanceau, vient expliquer qu'il existe des précédents.

L'accusé est un taiseux. Il ne sait pas expliquer pourquoi il est si possessif avec les femmes, ni pourquoi il a décidé de tuer Thérèse, sachant très bien qu'il allait retourner en prison. Il répète : « Ça s'est passé comme ça, voilà. » C'est un peu court, surtout quand on a une gueule de meurtrier. Mais peu à peu, on apprend de petites choses sur lui. Il porte le nom de son beau-père. Il n'a jamais connu son père. Sa mère n'a jamais voulu lui dire de qui il était le fils. Et la gueule de tueur, avec ce nez tout cabossé, a été façonnée par cette mère qui rossait ses enfants à coups de casserole. L'accusé, fataliste : « Elle passait ses nerfs souvent, c'était comme ça. »

Les débats touchent à leur fin. Le président Jean-Pierre Getti, grand magistrat, plus de quatre cents procès d'assises au compteur, voudrait bien que la cour et les jurés puissent délibérer avec autre chose que des « c'était comme ça ». Une dernière fois, il questionne le malabar qui encourt la perpétuité. Les mots ne viennent toujours pas. Le président insiste. Jean-Louis Catineau est debout, emprunté, dans le minuscule box de la petite cour d'assises de Paris. Il ne peut rien dire. Soudain, il se met à pleurer. Pas de sanglots, aucun son ne sort de sa gorge. Le Niagara silencieux ruisselle le long de ses joues, de son cou, et va se perdre dans le tissu de sa veste. Au bout d'un assez long moment, le président demande à la greffière si elle n'aurait pas un mouchoir en papier. Elle n'en a pas. Alors, d'un seul geste, les neuf jurés sortent de leur poche le paquet de Kleenex qu'ils avaient pris soin de prendre pour le procès, et le tendent à la gueule de tueur baignée de larmes.

Fantôme

Depuis le premier jour d'audience, Daniel Legrand n'est pas vraiment là. Assis, ou plutôt posé dans le box, il lutte avec difficulté contre le sommeil. Ses paupières tombent lentement, ses yeux disparaissent, on ne voit plus que la larme tatouée sur sa pommette gauche. C'est pourtant lui, l'accusé. Il devrait rester vigilant. Mais son esprit a lâché prise.

De temps en temps, Daniel Legrand ouvre des yeux grands comme des soucoupes. Des gens qu'il ne connaît pas défilent et racontent sur lui des choses inventées. Ce n'est pas banal, pour un homme ordinaire, de découvrir ainsi une réécriture de sa propre vie. Daniel Legrand a passé deux ans et demi en détention provisoire. Il était l'un des accusés d'Outreau, l'une des treize personnes faussement accusées de pédophilie. Acquitté fin 2005, il paie cher l'erreur judiciaire dont il a été l'objet, avec douze autres acquittés, dont son père ouvrier, mort d'un cancer quelques mois après son propre acquittement. Il entend des voix, prend de l'héroïne, se fait

Des gens
qu'il ne connaît
pas défilent
et racontent
sur lui des choses
inventées.
Ce n'est pas banal,
pour un homme
ordinaire,
de découvrir ainsi
une réécriture
de sa propre vie.

condamner pour transport de stupéfiants. Bourré de calmants, il grossit de dix kilos. Tous les quinze jours, il reçoit une injection d'un antipsychotique. D'autres hurleraient contre leur sort kafkaïen, ce délire polymorphe qui s'acharne. Lui, il sommeille, chancelle, menace de tomber de sa chaise sous l'effet d'un mystérieux roulis. Au bout d'un moment, l'un des six avocats qui se relaient bénévolement pour le défendre se dévoue, et va jouer les serre-livres à côté de son client.

Quand le fantôme nommé Daniel Legrand est acquitté pour la deuxième fois, une poignée d'illuminés l'attend encore sur les marches du palais, pour l'insulter et le traiter de « franc-maçon pédophile ».

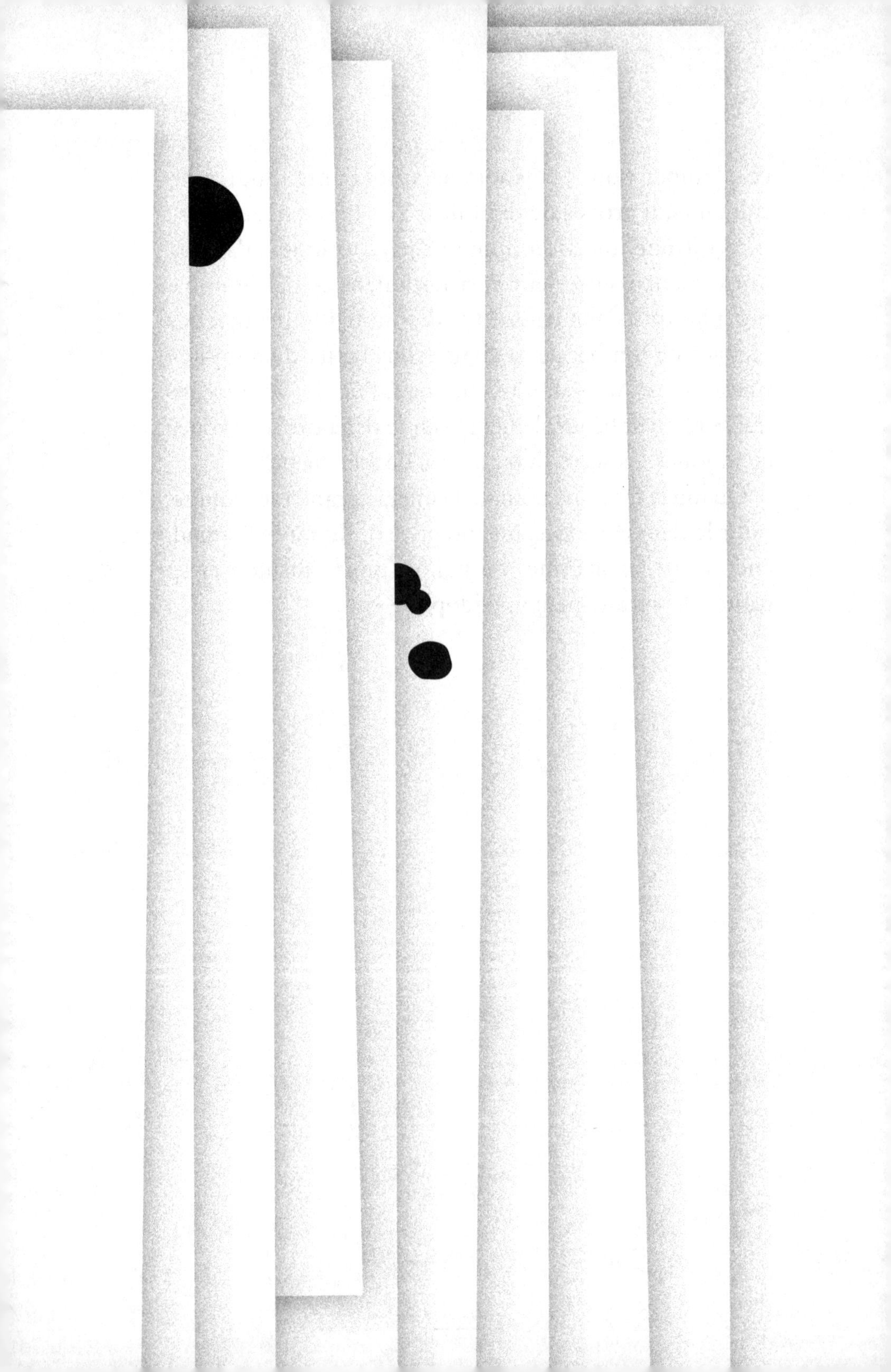

Saucissonnage

Ce soir-là, il a rejoint un peu tard sa villa de Versailles, où son épouse l'attendait. Comme d'habitude, il n'a pas fermé à clé la porte d'entrée. Les enfants, des triplés alors âgés d'une dizaine d'années, dormaient à l'étage, pas très loin de l'employée de maison. Il était environ 4 heures du matin lorsque quatre hommes cagoulés, équipés de kalachnikovs, ont pénétré dans la chambre à coucher en poussant devant eux les enfants et leur nounou terrorisés. L'un des agresseurs a posé son arme sur la tempe de son épouse et l'a entraînée un peu plus loin. Jean-Yves Liénard a tenté de parlementer, on l'a menacé de lui couper les doigts avec un sécateur s'il ne donnait pas tout de suite de l'argent et des bijoux. Il a donné. Ils sont partis en s'excusant. Les questions sont restées.

Jean-Yves Liénard est déjà à cette époque l'un des avocats pénalistes les plus réputés du barreau de Versailles et bien au-delà. Son épouse exerce alors le même métier que lui. Sa clientèle compte bon nombre de figures du milieu : Michel Gabarres, « le roi des Gitans », qu'il défend depuis près de vingt ans, le clan des frères Hornec, Bernard Barresi, considéré comme l'un des grands parrains marseillais, Richard Casanova, qui est alors l'un des piliers du gang corse de la Brise de mer – il est mort assassiné – et tout le gibier ordinaire des cours d'assises de Paris et de sa grande banlieue.

Filer au commissariat pour porter plainte ? Il a imaginé les policiers, trop contents de voir l'« avocat des voyous » basculer soudain dans le camp des victimes, écumant pour les besoins de l'enquête la liste des clients de son cabinet et multipliant les perquisitions chez eux, le procureur de la République – son adversaire professionnel – faisant du zèle dans l'accusation, la presse s'en mêlant, la nouvelle se répandant dans les prisons. Une plainte aurait signé sa mort professionnelle. Jean-Yves Liénard s'est tu. Quelques jours plus tard, il a enfilé sa robe d'avocat et rejoint son ami et confrère Éric Dupond-Moretti pour assurer la défense d'une équipe de « saucissonneurs » devant une cour d'assises. Quand le mari et la femme sont venus raconter l'agression dont ils avaient été victimes, il a vécu, dit-il, « un très étrange moment ».

Cadavre

Daphné est morte, seule, dans son appartement parisien en août 2003, victime de la canicule comme vingt mille autres personnes en France, cet été-là. C'était une très vieille dame. Sa voisine du dessous a porté plainte parce que « des coulures de liquides et de matières » provenant du cadavre décomposé avaient souillé son appartement. La fille unique et héritière de Daphné a été reconnue responsable des dégâts et a dû indemniser la voisine. Cela s'appelle un « trouble de voisinage ».

« Considérant que Mme J. est propriétaire d'un appartement à Paris dans lequel elle héberge sa fille, Mlle L.; que Mme G., qui habitait l'appartement situé au-dessus de celui de Mme D., est décédée dans la nuit du 8 au 9 août 2003; que son décès n'a été toutefois officiellement constaté que le 13 août 2003, à la suite de la découverte du corps par son aide-ménagère; que Mlle D. à son retour de vacances le 27 août 2005, a constaté que des coulures de liquides et de matières avaient souillé l'appartement et qu'une odeur insoutenable y régnait;

que les services de l'hygiène de la Ville de Paris sont intervenus et ont pulvérisé de l'eau de javel sous pression dans l'appartement ;

« Considérant que [l'expert désigné] a estimé les travaux de réfection nécessaires ainsi que la valeur des équipements ménagers et effets personnels détériorés à la somme globale de 10 787,29 euros. Considérant que Mme D. et sa fille prétendent que Mme G. aurait commis une faute en souillant l'appartement de ses voisins ; que par ailleurs, elles font valoir qu'en ne s'enquérant pas de sa mère, personne âgée et impotente, pendant la période de canicule, Mme S. a commis une faute engageant sa responsabilité ; qu'elles allèguent que si Mme S. avait pris journellement des nouvelles de la santé de sa mère, elle aurait rapidement constaté que celle-ci était décédée et les produits de décomposition n'auraient pas détérioré l'appartement de Mme D. ;

« Considérant que Mme D. et sa fille soutiennent, à titre subsidiaire, que le cadavre de Mme G. est une chose dont Mme S. avait la garde et que sa responsabilité est engagée sur le fondement de l'article 1384 du Code civil, du fait de la décomposition du corps ;

« Considérant que Mme S. réplique que la responsabilité de Mme G. ne peut être recherchée, un défunt ne pouvant commettre une faute ; qu'elle expose qu'une aide-ménagère se rendait deux fois par semaine au domicile de Mme G. et que cette dernière n'était pas délaissée par sa famille; qu'elle précise que le corps de sa mère a été enlevé par les services de police le 13 août 2003, jour où elle a été informée du décès, qu'elle-même n'avait aucun moyen d'agir et que la situation au cours du mois d'août 2003 a constitué un cas de force majeure;

« Considérant que Mme S. soutient par ailleurs que la dépouille mortelle de sa mère n'est pas une chose dont elle aurait eu la garde ni un objet dont elle aurait hérité, le corps humain n'étant pas un bien, mais une personne; qu'elle affirme que "les enfants n'ont pas à répondre des dommages causés par leurs parents";

« Considérant qu'il convient de retenir que l'appartement, propriété de Mme D. a été souillé par des écoulements et odeurs provenant de l'appartement situé au-dessus et appartenant à Mme G.; que Mme S. a été saisie de plein droit des biens de sa mère dès le décès de celle-ci, et donc de la propriété et de la jouissance de son appartement; que dès lors sa responsabilité est engagée à raison des dommages anormaux qui ont été causés à l'appartement voisin de Mme D.; qu'elle ne peut opposer la force majeure; qu'elle doit réparer toutes les conséquences dommageables en ce compris les dégâts résultant de la désinfection qui a dû être faite dans l'appartement de Mme D.;

« Considérant, sur le préjudice, que Mme D. et sa fille sont bien fondées en leur demande en paiement de la somme de hauteur de 10 787,29 euros pour préjudice matériel, ce montant ayant été justement évalué par l'expert [...] ;

« Considérant que L. D. a également subi un préjudice moral à raison de la détérioration de ses objets et effets personnels et des circonstances à l'origine des dégâts ; qu'en réparation, il y a lieu de lui allouer la somme de 1 000 euros. »

(Arrêt de la cour d'appel de Paris,
28 janvier 2009.)

Leçon de danois

Le témoin étant de nationalité danoise, le tribunal a prévu la présence d'un traducteur. Flemming Rose est un Scandinave aux traits mornes mais à l'esprit vif. Il est rédacteur en chef du *Jyllands-Posten*, ce journal qui avait commandé les caricatures de Mahomet dont la publication a eu, dans le monde entier, les conséquences que l'on sait. En France, *Charlie Hebdo* a aussi publié les dessins, en 2005 : l'hebdomadaire s'est pour cela retrouvé assigné à Paris par diverses associations de défense de l'islam.

Le président appelle le témoin et son truchement. Celui-ci est un homme assez âgé. Le témoin commence sa déposition mais, sans doute pour obliger le tribunal, il a choisi de s'exprimer dans un anglais parfait quoiqu'un peu rocailleux, plutôt que dans la langue, moins familière, de Kierkegaard. Si bien que tout le monde comprend à peu près ce qu'il dit. Sauf, curieusement, le traducteur chenu, qui traduit complètement à côté le propos du témoin. La salle grogne. Le président est bien embêté, car tout idiome étranger doit être transformé en français devant une juridiction française, mais il reste diplomate. « Je crois, dit-il comme on lance un SOS, que monsieur le traducteur a un problème avec l'accent particulier de notre témoin... Y aurait-il dans l'assistance une autre personne pouvant l'aider ? »

Dans la salle, une main se lève. Elle est prolongée d'un bras, et du sourire d'une jeune femme blonde, de type scandinave ravissant. D'une voix angélique teintée d'un accent indéfinissable, elle révèle qu'elle parle couramment le français, l'anglais et le danois. Sur le banc de la défense, Me Georges Kiejman tressaille. La traductrice improvisée se rapproche de la barre, il la suit des yeux, ne perd pas une miette de sa prestation de serment. Le témoin reprend sa déposition en anglais, la traductrice traduit. La voix de Me Kiejman retentit : « Je n'ai jamais aussi bien compris le danois ! » On rit.

Le journaliste en termine, sa voix française aussi. Me Kiejman se lève et tend à la blonde polyglotte, dont les joues s'empourprent, sa carte de visite.

Plaider-liberté

C'était une audience morne. L'air était saturé de prudence et de civilité. Dans la salle de la cour d'appel de Bordeaux, le public était maigre, des étudiants par devoir, des retraités par oisiveté. Le feuilleton de l'affaire Bettencourt, qui opposait la fille de l'héritière de L'Oréal, Françoise Meyers-Bettencourt, au photographe François-Marie Banier et à son compagnon Martin d'Orgeval, accusés d'avoir abusé de l'état de santé défaillant de la milliardaire pour profiter de ses largesses, ne passionnait plus guère. Sept années de procédure avaient saturé la curiosité pour ce psychodrame familial élevé un temps au rang d'affaire d'État. Et puis, le dernier jour du procès est arrivé et Richard Malka s'est levé. Avant lui, deux autres avocats de la défense avaient plaidé le droit, il était libre de parler de la vie. Ce fut comme une porte qui claque, un courant d'air frais qui s'engouffre et fait voler les convenances.

« Les Bettencourt, ce sont les Atrides ! Ils se dévorent entre eux. La réalité de cette famille, ce n'est pas la paix, c'est la guerre. On ne peut pas appréhender cette affaire sans comprendre sa dimension de tragédie grecque. » Ses mots tombent en mille éclats acérés sur la fille et les petits-enfants de Liliane Bettencourt, qui n'ont pas daigné venir s'asseoir au banc des parties civiles et ont laissé à leurs avocats le soin de les dépeindre en protecteurs attentionnés de leur si riche mère et grand-mère.

« Ils ont décidé que la famille Bettencourt, avant l'arrivée de François-Marie Banier, c'était l'amour, l'union, l'harmonie, la paix. Ils ont décidé qu'elle devait être heureuse, Liliane Bettencourt, tous les dimanches au déjeuner, avec son gendre sinistre. Qu'elle devait être heureuse de transmettre L'Oréal, ce joyau hérité de son père, à ce gendre qu'elle n'aime pas. Car oui, Liliane Bettencourt n'aime pas son gendre. Ce n'est pas la faute du gendre. C'est la vie ! Mais on est chez les Bettencourt. Et chez les Bettencourt, l'amitié est un crime et un délit. »

Puis il se sert de ses mots à elle, Liliane Bettencourt, pour accabler ceux qui prétendent la défendre, exhumant des écrits de la milliardaire les phrases cruelles dont elle gratifiait sa fille et son gendre, « le chapon et la chaponne ». Il lit : « Ma fille veut m'effacer, elle veut ma liberté. Sa froideur me ronge. Son mari, c'est un zéro. Et c'est pire qu'un zéro, il est méchant. » Il évoque une lettre qu'elle a adressée à son notaire, destinée à être lue « à l'ouverture de [son] testament » dans laquelle elle exprime sa colère contre les siens. « Dans quelle pauvreté affective ils me font vivre ! Je me demande vraiment s'ils sont dignes de ce que je vais leur laisser. »

Il retourne contre ses accusateurs le délit d'abus de faiblesse reproché au photographe et à son compagnon : « La terreur de Liliane Bettencourt, c'était de finir sous la tutelle de sa fille. Et c'est comme cela que ça s'est fini. Ils ont décidé qu'elle n'avait pas le droit d'aimer qui elle voulait aimer, et de donner à qui elle voulait donner. Ils l'ont emmurée. »

Richard Malka évoque encore les mots de celle qui, face au juge d'instruction venu l'entendre, avait balayé d'un soupir les accusations portées contre François-Marie Banier : « Je lui ai donné trop ? Ben tant pis. C'est pas grave, je m'en fous. »

Par la voix de l'avocat, sous la vieille dame vulnérable, une femme libre, riant de son indignité, s'est échappée.

Fatras amoureux

Violette et Alexis s'aiment, se détruisent, se fuient, s'aiment encore, se trompent, se quittent, et se haïssent. Elle est jeune, belle et raffole d'Henry Miller. Il a vingt-cinq ans de plus qu'elle, il est célèbre, et écrit des livres. L'histoire commence sur les gradins de Roland-Garros, se poursuit à Bora-Bora, Venise, Palerme, Londres, Cap-Ferret ou en Corse, fait halte au Ritz et chez les joailliers de la place Vendôme, s'expose sur les marches de Cannes, se noie dans les bulles de champagne et se meurt à Rio. L'héroïne fait divinement l'amour, le héros aussi – « elle se laissa glisser vers un très furtif coma qui, chez elle, signifiait qu'elle avait franchi les limites d'un simple orgasme » –, elle porte des « dessous soyeux » sur des jambes qui le sont tout autant, pleure beaucoup et tente régulièrement de se suicider. Le narrateur aussi mais il ne réussit qu'à la fin, page 290.

Le tout, signé Patrick Poivre d'Arvor et publié chez Grasset (2009) sous le titre *Fragments d'une femme*

Agathe Borne
a surtout retrouvé
ses mots à elle
dans son roman
à lui. Des SMS
fougueux, des petits
mots doux,
et des lettres
entières reproduites
dans le livre.

perdue, s'est vendu à soixante-quinze mille exemplaires avant de faire irruption, mercredi 8 juin 2011, devant la 17e chambre du tribunal de grande instance de Paris.

Agathe Borne y poursuit l'auteur pour « atteinte à la vie privée » et « contrefaçon » et lui réclame 150 000 euros de dommages et intérêts. Elle s'est reconnue dans Violette, la « venimeuse », la « fourbe », qui fait tant souffrir l'Alexis « aux yeux de cocker triste », derrière lequel PPDA ne se cache pas. Des amis à elle l'ont reconnue aussi, ce qui l'ennuie. Sans parler de son mari assis dans la salle d'audience, qui a l'air de juger également la ressemblance frappante.

Agathe Borne a surtout retrouvé ses mots à elle dans son roman à lui. Des SMS fougueux, des petits mots doux, et des lettres entières reproduites dans le livre. Son avocate en apporte les preuves, copies d'écran du téléphone portable de sa cliente, courriers originaux que son amant lui avait renvoyés, annotés. Elle y ajoute un petit carnet intime dans lequel le journaliste-écrivain avait lui-même glissé un petit fatras d'amoureux à l'encre violette. La présidente, Anne-Marie Sauteraud, tend la main pour le saisir et le dépose juste devant elle. L'avocat de la défense plaide. Le visage de la présidente est attentif mais ses doigts s'évadent. Ils courent sur le carnet, hésitent à se faufiler entre les pages. Elle les retient, ils s'échappent encore. La plaidoirie s'achève. La présidente glisse le petit carnet dans son dossier, se lève et disparaît derrière la porte. On jurerait qu'elle est pressée.

Remords

Marc P. est accusé d'avoir participé au meurtre d'une gardienne de la paix, sur le périphérique parisien. C'est la première fois qu'une femme policier tombe dans l'exercice de ses fonctions, l'émotion est considérable. L'enquête dure des mois et des mois avant que la police n'arrête trois suspects, dont Marc P. Il était passager d'une voiture conduite par un ami à lui. Sur la banquette arrière somnolait une prostituée héroïnomane.

Son avocate commise d'office, Me Sophie Obadia, persuade son patron d'alors, Me Hervé Temime, de l'épauler. Elle travaille le dossier à fond, acquiert la conviction que son client est innocent. Me Temime en devient tellement certain à son tour qu'il commet une grosse erreur : il pense que les jurés le seront aussi.

Dans une cour d'assises bondée – toute la presse est là –, le verdict tombe : vingt ans de réclusion criminelle. L'avocat découvre le sentiment inédit de sa propre insuffisance. Traverse ce qu'il appelle lui-même « une petite dépression ».

Ce n’est pas
la première fois
qu’un de ses clients
se fait condamner,
mais jamais
il n’avait eu
le sentiment
qu’il était lui,
l’avocat, coupable
de la sentence.

C'est tout juste s'il ne se met pas à marcher tête baissée.

Ce n'est pas la première fois qu'un de ses clients se fait condamner, mais jamais il n'avait eu le sentiment qu'il était lui, l'avocat, coupable de la sentence. Il a honte de lui-même, honte de n'avoir pas compris qu'il passait à côté de la cour et des jurés, honte d'avoir pensé qu'au contraire sa plaidoirie portait et que l'acquittement allait de soi.

Le remords le taraude, l'empêche de dormir.

Il fait appel de la sentence. Car, dit-il, c'est « une question de survie, une affaire entre moi et moi ».

Le second procès a lieu à Créteil. Il est présidé par Jean-Pierre Getti. Mes Obadia et Temime plaident en tremblant contre un réquisitoire extrêmement dur. Marc P. est acquitté. Me Temime reprend goût à son métier. « En appel, il n'y avait pas un journaliste dans la salle », regrette-t-il. À cette petite phrase, on comprend que l'ego a repris toute sa place et que le pénaliste est vraiment guéri.

Écœurement

Pendant les trente et un premiers jours d'audience, les assises ont tenu le coup, on se demande encore comment. Le procès est effroyablement dur, plus dur que tout ce qu'on a connu auparavant. La ville est grise, son fleuve roule des flots jaunes, le printemps factice est glacé de neige.

Au trente-deuxième jour, l'avocat général se lève pour prononcer son réquisitoire. Personne ne peut supporter davantage la violence des faits, la froideur de l'assassin qui avoue tout avec une sorte de jubilation intérieure. Il faut en finir, demander la seule peine qui convienne, et ne plus entendre parler de ce dossier. Quand l'avocat général dit que les faits sont « terrifiants, nauséabonds, abjects », on est d'accord avec lui. C'est tout de suite après que le magistrat perd pied : « Ce n'est pas à vous que je m'adresse, mais aux vrais êtres humains », lance-t-il au tueur en série et à sa femme, la « sorcière sournoise ».

Ce n'est plus un réquisitoire mais un exorcisme désordonné et vulgaire. Les accusés n'ont plus de nom, plus de prénoms, ce sont « les deux fêlés ». Ce qu'ils ont commis ? « À gerber, à gerber ! » L'avocat général jure qu'il n'en peut plus, mais il raconte ce que plus personne ne veut entendre à nouveau – la mise à mort, dans tous ses détails, d'Isabelle, de Fabienne, de Jeanne-Marie, d'Élisabeth, de Natacha, de Céline et de Mananya. Cela, Michel Fourniret l'a décrit avec minutie, à l'audience ou devant les enquêteurs. Sa mémoire est phénoménale : il se souvient du calibre d'un poinçon utilisé pour poignarder une gamine, ou de l'immatriculation de la voiture qu'il conduisait plus de dix ans auparavant quand il partait traquer ses proies, sur les routes des Ardennes.

L'avocat général crie : « Fourniret, vous êtes un clown ! » Et aussi : « Vous n'êtes pas un fauve, vous n'êtes rien, rien, rien, Fourniret ! » Ou encore : « Vous êtes, Fourniret, un monstre nécrophile ! » Puis, il s'en prend à sa femme, sa complice, « grosse araignée gluante à la face flasque et aux yeux cruels ».

Au trente-deuxième jour du procès de Michel Fourniret et Monique Olivier, les assises sont passées de l'effroi à l'écœurement.

Commérages

Jeudi 3 juillet 2007, devant la cour d'assises des Alpes-Maritimes à Nice, qui juge une affaire terrible de huis clos familial – une mère et son fils accusés de l'assassinat de leur mari et père – se présente une Bretonne collectionneuse de cartes postales anciennes. Enseignante à la retraite, cheveux gris coupés court, allure austère, elle pose son regard de myope sur la cour et les jurés.

La victime était brocanteur et avait acquis une solide réputation sur le marché des cartes postales anciennes. Une des étapes de sa vie de marchand l'avait mené, quelque vingt-cinq ans plus tôt, avec sa famille, en Bretagne, où il avait fait la connaissance de la collectionneuse. En s'attardant régulièrement dans l'échoppe du brocanteur, elle avait deviné que dans le couple tout n'allait pas pour le mieux. L'épouse fuguait avec ses amants, le mari, François Baudet, pleurait et cognait. Et puis un jour, elle a appris dans le journal qu'il avait été assassiné.

Devant la cour, toute gonflée de l'importance de son témoignage, elle est venue dire ce qu'elle savait et même davantage.

— Une fois que nous déjeunions au restaurant, c'était avant le festival de cartes postales de Deauville, un festival important où ne viennent que les vrais amateurs, voyez-vous, d'ailleurs, attendez, est-ce que c'était Deauville ? Oui, car il y avait M. X., aussi, qui était venu de Lorient, et aussi M. Y., ah, M. Y., il a une des plus belles collections de vues de Morlaix, enfin, la plus belle, c'est sans doute moi qui l'ai, donc, où en étais-je, oui, à Deauville, non, au restaurant, oui, ça me revient, c'était Deauville, car c'est là que j'ai trouvé une de mes pépites, qui vaut une fortune aujourd'hui, mais celle-ci, ce n'est pas François Baudet qui me l'a vendue, il faut dire qu'il les vendait cher, lui.

— Donc, au restaurant ? s'impatiente la présidente, Nicole Besset.

— Oui, eh bien, j'étais venue la veille avec ma voisine, Mme Z. Elle est collectionneuse, elle aussi, depuis moins longtemps que moi, mais…

— Et alors, au restaurant ? insiste la présidente.

— Eh bien, pour vous dire qu'il était brutal, François Baudet. Sa femme avait commandé des huîtres. De Cancale, vous les connaissez ? Elle avait demandé des « numéro 0 ». Son mari était furieux, lui, il voulait des « triple 0 ». Moi, celles-ci, je ne peux pas les avaler.

— Vous avez encore des choses à nous dire sur la victime ?

— Oui. Je lui avais demandé un jour de me déplacer une armoire, il a tiré d'un coup et il a abîmé mon chambranle. Vous voyez le genre d'homme qu'il était ?

— Je vois. Et quoi encore ? s'agace la présidente.

— Eh bien, figurez-vous qu'une fois où elle avait fugué après une scène conjugale, Annie m'avait confié une enveloppe avec des lettres. Quand j'ai appris l'assassinat, j'ai retrouvé l'enveloppe et je l'ai apportée au commissariat.

— Et vous les avez lues, ces lettres ?

— Bien sûr. Je suis une femme de devoir, ça, vous l'avez compris, j'espère. Ce qui m'a choquée, c'est que dans ces lettres, il lui parlait tout le temps de son corps à elle.

— Vous voyez autre chose, madame, qui serait utile à l'information de la cour ?

— Moi, voyez-vous, j'aurais préféré qu'il pense un peu moins… – elle se dresse, bien droite, face à la cour et a jeté d'une moue dégoûtée – … à la fornication.

La dame aurait volontiers parlé plus longtemps encore mais la présidente l'a remerciée sèchement. Les procès offrent souvent de tels moments, entre rire et effroi, où l'on se surprend à redouter ce que, dans des circonstances aussi graves, le boulanger que l'on croise chaque soir ou la voisine de palier que l'on a omis de saluer un jour viendraient dire de nous devant une cour d'assises.

Hérisson

C'est un enchevêtrement mobile de perches, de micros emmitouflés dans de drôles de bonnets d'angora, d'autres micros tout nus, tenus à bout de bras et reliés à des appareils enregistreurs, de caméras, de lumières aveuglantes. Un gros hérisson aveugle qui avance en bousculant tout sur son passage. Au milieu de la bestiole, blême, ébloui par les flashes, empêché d'aller là où il veut : un homme venu se faire juger. Parfois, il est flanqué de son avocat qui, lui, ne déteste pas forcément ce moment de gloire non choisie par le client. L'homme ne veut rien dire – on le presse de questions. Il veut aller à gauche – il est forcé de passer par la droite. S'il se laisse aller à un geste d'exaspération parce qu'il ne supporte plus d'être ainsi bousculé, on dira d'un air entendu qu'il est bien nerveux. Il arrive enfin à la porte de la salle d'audience. Il entre dans le prétoire, le hérisson ne peut pas le suivre dans ce sanctuaire. Se faire juger est moins pénible que de se faire traquer.

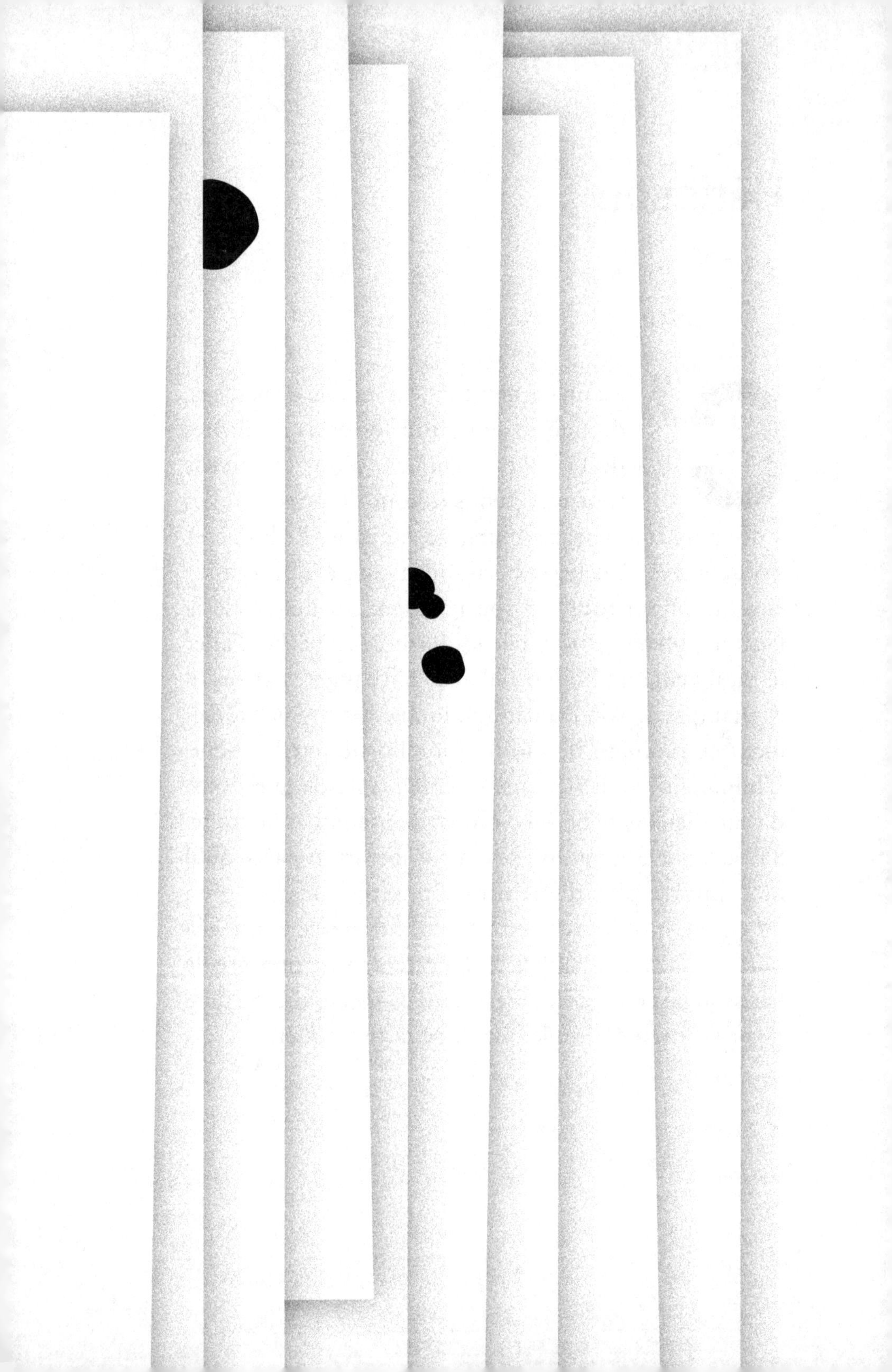

Sœur

Francis Heaulme a été condamné pour onze meurtres. Des femmes, des hommes, des jeunes, des vieux, des enfants. Il ne connaît pas ses victimes. Il ne les viole pas. Ils ont juste le tort de se trouver au mauvais moment sur son chemin. On l'appelle « le routard du crime ». Il a tué à l'est, à l'ouest, au nord, au sud, partout où il est passé. À coups de couteau. À coups de tournevis. À coups de cailloux ou juste avec ses mains. Quand on lui demande pourquoi, il répond qu'il ne sait pas.

Francis Heaulme a une sœur, Christine. Elle est femme de chambre, elle a quatre enfants. Elle connaît la France par ses palais de justice et ses prisons. Son frère est incarcéré depuis vingt-cinq ans, elle n'a jamais cessé de lui rendre visite. Quand elle était encore mariée, elle y allait en famille avec ses enfants, le dimanche. Son mari l'a quittée, elle fait des heures supplémentaires de ménage pour payer les billets de train qui la conduisent jusqu'à son frère.

Chaque fois qu'elle lui a posé la question, Francis Heaulme lui a affirmé que, sur cette affaire-là, la dernière pour laquelle il est jugé – deux gosses de 8 ans fracassés à coups de pierre au pied d'un talus à Montigny-lès-Metz le 28 septembre 1986 –, ce n'est pas lui. Christine Heaulme vit avec cet espoir-là. Elle est venue le dire à la cour d'assises de la Moselle, à Metz.

— Quoi qu'il ait fait, je resterai près de lui.

Elle se tourne vers le box, répète :

— Je serai toujours là pour toi, Francis. On va y arriver. Tu es dans un tunnel mais tu vas t'en sortir.

En partant, elle lui fait un gentil signe de la main. Tout le monde n'a pas un frère tueur en série. Christine Heaulme, si.

Grand Témoin

Le témoin, aux assises, a une fonction bien précise : il vient parler des faits ou de la personnalité de l'accusé. Pourtant, il est une espèce de témoin très particulière, qu'on pourrait désigner sous l'appellation de « Grand Témoin ».

Le Grand Témoin est un témoin qui ne présente en réalité qu'un intérêt : lui-même. Pour paraphraser la célèbre formule de Marshall McLuhan, « le message, c'est le medium », on pourrait avancer que le Grand Témoin *est* le témoignage. Autrement dit, le contenu de sa déposition importe moins que la personnalité de l'orateur. On fait citer un Grand Témoin pour donner du lustre à une défense, dans le cadre d'un Grand Procès, c'est-à-dire un procès normal qui porte sur un crime qui peut prétendre conduire à une réflexion de haute volée sur un Phénomène de Société. Parmi ceux-ci, l'euthanasie reste une valeur sûre, qui intéresse aussi bien la presse d'information généraliste que les hebdomadaires féminins et les publications médicales.

Le docteur Nicolas Bonnemaison a été jugé pour avoir précipité la mort de sept patients de son service. Ses défenseurs plaidaient l'euthanasie compassionnelle ; le juge d'instruction avait renvoyé le médecin aux assises pour empoisonnements. Si on ne voit pas là matière à Grand Procès, mieux vaut se consacrer à la lecture de chroniques gastronomiques.

Les avocats de Bonnemaison ont pris l'initiative de faire citer plusieurs Grands Témoins au soutien de leur client. Ou plutôt, quelques Moyens Témoins et un Immense Témoin, qui s'est présenté à la barre en fin d'après-midi sous les traits familiers de Bernard Kouchner. La venue d'une pareille personnalité, on l'imagine, est de celles qui mettent un palais de justice de province en ébullition. Les caméras de télévision sont encore plus nombreuses que pour un Grand Procès ordinaire. D'autant qu'on avait opportunément fait savoir à la meute que l'« assistant » de M. Kouchner n'avait « pas donné de consignes concernant une éventuelle déclaration », ce qui suscitait chez certains le fol espoir de pouvoir interroger l'intéressé avant, ou après, voire avant et après sa déposition.

Bernard Kouchner est vêtu d'un costume bleu marine très bien coupé. Il est parfaitement à l'aise, ayant auparavant exercé ses prérogatives d'Immense Témoin à d'innombrables occasions. Comme un témoin minuscule, il est obligé de décliner son état civil à la barre, bien que tout le monde l'ait reconnu. Mais, déjà, il glisse un trait d'esprit pour définir sa profession : « Médecin… et parfois ministre. »

L'Immense Témoin n'a rencontré l'accusé que quand ils sont apparus ensemble à la télévision, lors du Grand Procès de première instance au terme duquel le docteur Bonnemaison avait été acquitté. Il ne connaît pas non plus le dossier et se garde d'ailleurs bien de l'évoquer, d'autant qu'on ne gagne pas grand-chose à être photographié avec un dossier. Il va, en revanche, parler aux jurés d'un sujet bien plus intéressant : Bernard Kouchner, ses missions humanitaires, sa loi de 2002. Jadis, il prenait la pose avec des sacs de riz ; aujourd'hui, il livre des sacs de lui.

Le voici qui arrive à la fin de son propos, durant lequel il a égrené quelques forts aphorismes tels que : « La mort, c'est pour toute la vie. » Des vers, pour finir : « Je terminerai prétentieusement en citant Guillaume Apollinaire… »

Puis, il va s'asseoir parmi les proches et soutiens de l'accusé, flattés de cette proximité.

Il fait semblant de s'inquiéter :

— J'ai peut-être été un peu sentimental…

On se récrie :

— Oh non, c'était parfait.

Prescription

On l'imagine bien à 20 ans, Hélène Castel. Elle devait aimer les foulards de coton indien mauve, disparaître sous des jupons informes et sentir le patchouli. Pas vraiment jolie, sûrement pas sexy, l'époque ne voulait pas ça. Sûrement aussi qu'elle avait cette même voix douce et cette façon de se tenir un peu en retrait, loin de la lumière et des regards qui brûlent. Elle fait ce qu'elle peut pour éviter ceux de la presse et du public venu nombreux, en ce lundi de janvier 2006, assister au procès de cette femme de 46 ans sommée de répondre de ses errements de jeune fille. Le temps judiciaire avait failli engloutir son histoire, la participation au braquage d'une banque, à Paris en mai 1980, qui avait tourné au désastre.

Avec son amie Brigitte, Hélène Castel avait rejoint une bande de garçons un peu plus âgés qu'elle, aussi révoltés qu'elle était pacifiste, aussi fous qu'elle était sage, et que dominait de la tête et des épaules le bel Antoine, un brillant fils de centralien qui avait plaqué sa famille et son 16e arrondissement natal. C'était d'ailleurs ce qui les avait rapprochés, tous, cette rupture avec un milieu aisé et des études supérieures trop bien tracées. Ils vivaient de petits boulots, passaient leurs nuits à refaire le monde et squattaient les immeubles que le tout nouveau maire de Paris de l'époque, Jacques Chirac, promettait à la démolition. Ils y avaient rencontré d'autres jeunes gens moins chanceux qu'eux, de vrais paumés qui rêvaient moins d'autogestion et plus d'attaques à main armée. Un jour, leurs projets s'étaient croisés.

Au fond d'un bistrot, les filles avaient écouté les garçons évoquer un hold-up dans une banque, parler de perruques et d'armes de poing. Sur un coin de nappe en papier, ils dessinaient le plan, répartissaient les rôles. Quand ils ont demandé à Hélène si elle voulait en être, elle a hésité un peu, mais elle ne voulait pas avoir l'air de flancher devant le bel Antoine. Alors elle avait dit oui, on lui avait confié une arme et elle s'était retrouvée, grimée et chaussée de lunettes noires, le 30 mai, rue La Fayette, dans le 9ᵉ arrondissement, devant une agence de la BNP, avec la mission de surveiller le personnel de la banque pendant que les autres se faisaient remettre l'argent des coffres.

Rien ne s'était passé comme prévu. Un employé avait eu le temps de déclencher l'alarme, la police était arrivée très vite sur les lieux, Antoine et les autres s'étaient enfuis en prenant le directeur et des employés en otage, une fusillade avait éclaté, l'un des garçons de la bande avait été tué, le directeur blessé. Tous avaient été arrêtés, sauf Hélène Castel qui était parvenue à s'échapper. À la radio et à la télévision, l'affaire du braquage de la BNP avait même éclipsé la visite à Paris d'un nouveau pape qui s'appelait Jean Paul II. Quelques jours plus tard, Hélène Castel embarquait pour le Mexique. Elle y est restée pendant vingt-quatre ans.

Le 12 mai 2004, la police mexicaine s'était présentée avec un mandat d'arrêt international des autorités françaises à la porte du cabinet de psychothérapeute où Hélène Castel se dissimulait sous une fausse identité. À Paris, les enquêteurs du tout nouvel Office central chargé des personnes recherchées ou en fuite étaient en effet tombés sur son nom en épluchant les dossiers en souffrance. Ils avaient mis le sien sur le haut de la pile, car il y avait urgence, la prescription allait bientôt l'engloutir. La retrouver avait été un jeu d'enfant. Son père, un sociologue parisien de renom, avait fini par oublier les consignes de prudence qu'il s'était imposées pendant si longtemps lorsqu'il prenait des nouvelles de sa fille par téléphone.

Ce matin de mai, Hélène Castel tentait justement de se remémorer comment elle signait avant, dans son autre vie. Pour la première fois, elle réalisait qu'elle avait oublié. Cette identité enfouie lui sauta brusquement à la

Au fond d'un bistrot,
les filles avaient
écouté les garçons
évoquer un hold-up
dans une banque.
Sur un coin
de nappe en papier,
ils dessinaient
le plan,
répartissaient
les rôles.

figure, lorsqu'elle aperçut au mur du commissariat une photo d'elle, jeune, avec son nom en dessous. Après quelques semaines dans les geôles mexicaines, Hélène Castel avait été extradée vers la France et placée en détention.

Son procès s'est ouvert deux ans plus tard. Un procès étrange, hésitant, auquel le président, Dominique Coujard, et l'avocat général, Philippe Bilger, pourtant rompus à d'autres épreuves judiciaires, peinaient à donner le ton juste, partagés entre l'intérêt presque historique, documentaire, à tout le coup générationnel, que suscitait cette histoire, et la nécessité qui était la leur de l'instruire et de la juger comme un acte criminel. Ils le devaient à leur rôle de magistrats, aux jurés, à cette accusée aussi qui entendait faire face à ses responsabilités.

Mais le temps, cette machine à réviser la vie, à distancer le regard et à panser les plaies, était passé par là. Face à Hélène Castel avait pris place l'avocat de la banque au banc des parties civiles. Le même que celui, qui vingt ans plus tôt, dans un tout autre climat, avait affronté ses trois amis. Sans doute se souvenait-il combien il avait alors tonné contre ces jeunes bourgeois paumés mués en révolutionnaires de pacotille, qui avaient terrorisé de braves employés et de tout aussi braves clients de l'agence. Condamnés à dix ans, huit ans et sept ans d'emprisonnement, ils avaient payé leur dette à la société, remboursé au centime près les dommages et intérêts réclamés par la banque et refait leur vie. On les avait découverts à la barre, Antoine et les autres. Le premier, qui avait poursuivi ses études de médecine en prison, était devenu psychiatre, la deuxième, historienne et le dernier, artisan. Depuis, les cheveux de l'avocat avaient blanchi, son indignation était passée.

Ce qui était vrai pour lui l'était plus encore pour les victimes de l'époque. La poignée de celles et ceux, solides quinquagénaires ou paisibles grands-parents, qui avaient accepté de venir témoigner devant la cour, regardaient désormais avec une indulgente curiosité celle qui les avait tenus autrefois sous la menace d'une arme et qui, à cette évocation, semblait aujourd'hui plus bouleversée qu'eux.

— Tout ça, c'est rangé au rayon des mauvais souvenirs..., dit l'une.

— Vous vous en êtes bien remise ? lui demande le président.

— Oh, bien sûr que oui !

Une autre évoque ces minutes où elle s'est « jetée sous le bureau » en voyant entrer les braqueurs. La cour et les jurés sourient. Elle devine pourquoi, ouvre les bras sur ses rondeurs généreuses et ajoute :

— J'étais bien plus agile, à ce moment-là !

En écho aux réquisitions de l'avocat général Philippe Bilger qui avait demandé à la cour et aux jurés de prononcer une peine permettant à l'accusée de sortir libre de la salle d'audience, son avocat, Me Henri Leclerc, avait plaidé : « L'ordre public est oublié, les faits se sont estompés, le temps suffit à punir ceux qui portent le remords. »

À la nuit tombée, en apprenant le verdict qui la condamnait à deux ans d'emprisonnement avec sursis, Hélène Castel avait offert à la cour le sourire heureux, presque enfantin, d'une femme qui s'accordait enfin le droit de ressembler à la jeune fille qu'elle avait été.

Vélo

De l'homme qui a été jeté dans l'Isère, un soir de beuverie entre clochards sous un pont, on sait seulement qu'il était anglais, sans domicile et sans famille, et qu'il avait décidé de rejoindre Israël à vélo. Les deux types accusés du meurtre sont étrangers eux aussi. Ils parlent un français si approximatif qu'il faut leur faire répéter chaque mot. Au pied du box, l'avocat commis d'office pour les défendre crayonne en noir les petits carreaux blancs de son bloc-notes. Il en déjà rempli plusieurs colonnes (c'était au temps où les téléphones portables ne trompaient pas encore l'ennui des audiences). En face de lui, l'avocat général prépare le dossier suivant. Sans doute rêvent-ils l'un et l'autre à d'autres causes, de celles qui remplissent une salle d'assises et font jaillir les murmures. Mais la salle est vide, désespérément vide. Même les habitués, un petit groupe de retraités qui se retrouvent chaque jour sur les bancs du public comme d'autres vont au cinéma ou au club de belote, ont migré vers d'autres salles. L'audience somnole, les regards des jurés sont vides.

Le président fait signe à l'huissier de s'approcher et lui murmure quelques mots à l'oreille. L'huissier disparaît derrière une porte et en revient quelques minutes plus tard en poussant un vélo dans le prétoire. Un bon gros vélo avec de la terre accrochée à ses roues, un foulard noué à son cadre et la bannière étoilée de l'Europe collée sur le guidon. La cour, les jurés, l'avocat, les accusés se redressent, comme fouettés. Tout ce qui reste d'un homme et ses rêves leur fait face et soudain, les oblige.

Pendule

La pendule a disparu. Pas n'importe laquelle : celle qui orne la cheminée dans le bureau du président de la cour d'assises de Paris. C'est, en quelque sorte, une pendule officielle, qui donne l'heure de la justice. Le plus inquiétant, c'est que le larcin, constaté par le préposé au remontage des pendules du palais, a été commis pendant une suspension nocturne, en plein procès du terroriste Carlos.

Le palais, à Paris, est truffé de caméras. Dès la disparition de la pendule signalée par le président, le bureau militaire, en charge de la surveillance de ce bâtiment singulier, diligente une enquête, aussi bien pour retrouver l'objet de style Empire inscrit sur quelque liste de pièces protégées, que pour expliquer une invraisemblable faille dans la sécurité. Le colonel responsable de la garnison du palais explique au président et à ses assesseurs qu'un examen attentif des bandes confondra sans coup férir le voleur, en moins de temps qu'il n'en faut à une pendule moyenne pour sonner midi.

En entendant ces mots, l'un des assesseurs suppléants pâlit. Quelques heures plus tard, il se présente aux gendarmes avec, à la main, un sac qu'il prétend avoir trouvé dans un couloir, et qui renferme la pendule. Mais la vidéosurveillance dénonce ce magistrat de 62 ans : c'est lui qui a chipé l'horloge. Il avoue tout et donne aux enquêteurs d'évidents signes de fragilité psychologique, semblant lui-même atterré par ce qu'il appelle « un moment d'égarement ». Le juge indélicat démissionne de la magistrature, qu'il avait rejointe sur le tard, pour être discrètement jugé selon la procédure dite du « plaider-coupable ». Il a été condamné à six mois de prison avec sursis et 2 000 euros d'amende.

Parents

À gauche, au pied du box, les parents de Matthieu M. À droite, de l'autre côté de la travée, ceux d'Agnès Marin, la jeune fille de 13 ans qu'il a violée et assassinée en novembre 2011, au Chambon-sur-Lignon, non loin du lycée le Cévenol où ils étaient deux pensionnaires. Il est 21 heures, vendredi 28 juin 2013, et la cour d'assises de Haute-Loire, au Puy-en-Velay, vient de condamner l'accusé, âgé de 19 ans, à la réclusion criminelle à perpétuité.

Le jeune homme frêle au regard vide disparaît entre deux gardes armés. De part et d'autre des bancs, un mari et père enlace une épouse et mère qui vacille et se blottit. Le procès de l'affaire du Chambon-sur-Lignon se referme sur cette image. Deux couples, parents d'un assassin, parents de sa victime, mêmes gestes, même détresse.

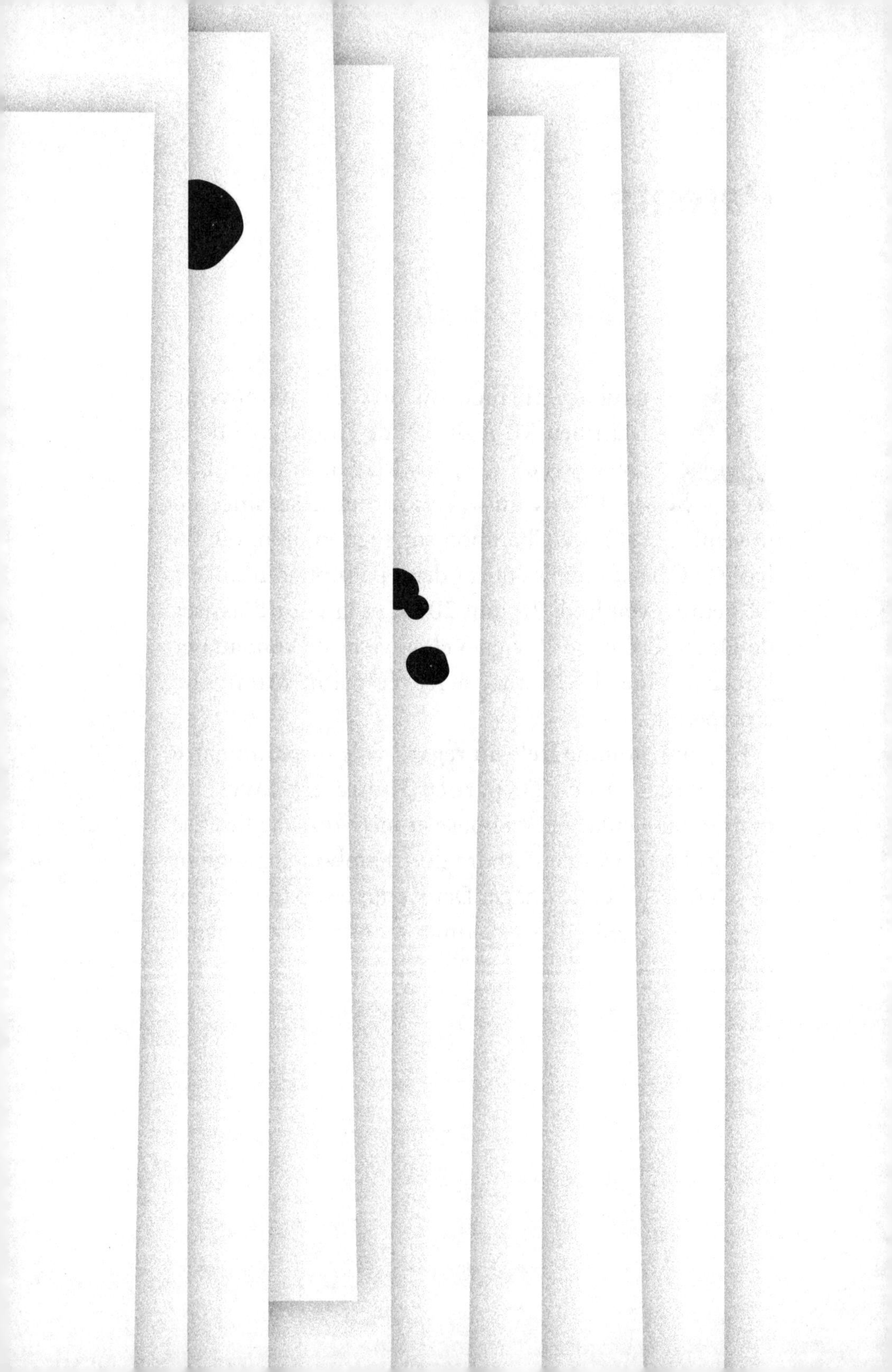

Pièces à conviction

On voit de tout, dans la petite vitrine aux pièces à conviction. Ce sarcophage de verre est installé devant la cour et les jurés. Le président y fait déposer, avant l'audience, ce qui lui semble utile à la manifestation de la vérité. De sorte que la vitrine ressemble souvent à celle d'un brocanteur. On y trouve, selon les affaires, des courriers, des outils, des cagoules, des douilles de munition percutées, du matériel électrique, des couteaux à longue lame, des cassettes audio surgies du fond des âges, une machine infernale usinée par l'accusé pour tuer le premier mari de sa femme, des enveloppes Kraft renfermant on ne sait quoi, des téléphones portables… L'intégrité de ces scellés est protégée par un cachet de cire et un lien très fin. Ils ne servent généralement à rien, et ne sortent même pas de leur boîte de verre pendant les débats. L'usage veut que le président fasse vider la vitrine lorsque ces derniers sont clos. Quand les avocats plaident, quand l'avocat général requiert, nul cachet de cire, nulle machine infernale ne doit distraire les jurés.

D’ordinaire, il ne tire
que la bécasse
et la palombe, mais
comme il songeait
au suicide depuis
plusieurs semaines,
il s’était procuré
des munitions plus
dévastatrices que
la petite chevrotine.

Claude Duviau était agriculteur dans le Sud-Ouest. Un jour de septembre, deux inspecteurs du travail, un homme et une femme, viennent contrôler son registre du personnel, qui leur cause quelque souci. Les affaires de Claude Duviau vont mal : il est dépressif et son exploitation a été placée en liquidation judiciaire. Il demande aux inspecteurs :

— Je vais passer au tribunal ?

L'homme lui répond :

— Certainement, monsieur.

L'agriculteur tourne les talons, se réfugie à son domicile. « S'ils viennent, je me fous en l'air », décide-t-il. Ils viennent. Ils sonnent. Claude Duviau attrape un fusil de chasse chargé de balles à sanglier. D'ordinaire, il ne tire que la bécasse et la palombe, mais comme il songeait au suicide depuis plusieurs semaines, il s'était procuré des munitions plus dévastatrices que la petite chevrotine. Il ouvre la porte et tire deux fois. Il rentre chez lui, recharge l'arme, pose son menton sur les canons superposés encore chauds, presse à nouveau la détente. « J'ai senti mon corps qui se glaçait. Je ressentais un bien-être impensable, j'étais comme sur du coton », dit-il aux assises de la Dordogne. Les deux inspecteurs du travail sont morts. Claude Duviau, non. Le bas de son visage porte la trace de la balle qui ne l'a pas tué.

Pendant le procès, les quatre fusils de chasse saisis chez l'accusé ont été exposés parmi d'autres pièces à conviction. Comme dans certaines assises, le jury siège, à Périgueux, dans un box séparé, à la gauche de la cour, face à l'accusé qu'ils peuvent ainsi regarder bien en face. Quand les débats ont été clos, avant que l'avocat général ne réclame une très lourde peine, le président a fait retirer une partie des pièces à conviction de la vitrine. Seuls sont restés les quatre fusils de Claude Duviau, canons pointés en direction des jurés.

Ficelles

On est avocat toute sa vie, mais juré une fois seulement, le temps d'une session d'assises. Les jurés ne connaissent donc pas les ficelles professionnelles utilisées par les avocats. En voici quelques-unes, parmi les plus usées, en défense ou en partie civile.

Ficelle : « Ce n'est pas facile d'être à cette place, hein… »

Cette formule s'adresse à un témoin dont l'avocat perçoit le malaise. Elle a pour but, à première vue, de le mettre en confiance, à travers l'expression d'une empathie qui fait chaud au cœur. En réalité, le « ce n'est pas facile d'être à cette place, hein… » sert à coller une grosse pression sur les épaules du témoin (qui avait déjà très bien compris tout seul l'inconfort de sa situation) pour mieux le déstabiliser par le biais d'une salve de questions très malveillantes.

Ficelle : « Mon pire adversaire, ce n'est pas l'avocat général, c'est vous. »

Cette formule s'adresse au client de l'avocat de la défense, debout dans le box, tout pâle ou rouge de colère pour s'être fait secouer ou piéger par la partie adverse. Les débats tournent au vinaigre, l'accusé raconte n'importe quoi et, sacrilège, il improvise, ce qui ne convient pas du tout à son conseil qui a horreur de l'imprévu. Par ce « mon pire adversaire, c'est vous », l'avocat prend, vis-à-vis des jurés, ses distances d'un client dont le sort s'annonce funeste ; il rappelle par la même occasion audit client que le patron de la défense c'est lui et qu'ils ont préparé ensemble des réponses habiles, adaptées au dossier, qu'il est temps pour le client de réciter.

Ficelle : « Il n'y a pas de piège dans ma question. »

Il y a deux traductions possibles pour cette formule destinée à un témoin (qui a vraisemblablement eu droit, juste avant, au « ce n'est pas facile d'être à cette place, hein… »). Soit il y a en réalité un gros piège dans la question, et l'on s'en rend compte tout de suite. Soit, en effet, il n'y en a pas. Ce qui signifie que le piège sera dans la suivante.

Ficelle : « Je vous rappelle que vous êtes sous serment. »

Formule menaçante destinée à un témoin qui est en train de chanceler ou, au contraire, ne varie pas d'un iota, et a sans doute eu droit au « ce n'est pas facile, hein... », ainsi qu'au « il n'y a pas de piège ». Maintenant, l'avocat accroche au-dessus de sa tête une épée de Damoclès, agitant l'imminence de poursuites pour faux témoignage (qui ne sont jamais diligentées).

Ficelle : « Quelle est votre question, confrère ? »

Cette formule a pour unique objet de faire sortir de ses gonds l'avocat de la partie adverse qui fait précéder sa question d'un préambule un peu trop long au gré de son contradicteur. À noter : le « quelle est votre question ? » sera probablement retourné sous peu à l'envoyeur, aucun avocat ne sachant poser des questions courtes, et tous les avocats étant rancuniers. Certains, pour titiller le confrère impatient, le narguent par le biais d'une longue observation sur le mode affirmatif, qui ne fait même pas semblant de ressembler à une question ; à la fin, ils demandent à la personne concernée, en fixant leur contradictoire d'un œil provocateur : « N'est-ce pas ? » Il arrive que le président s'agace, à juste titre, des questions qui n'arrivent jamais : il lance alors sa propre variante – « Quelle est votre question, maître ? » – qui a valeur d'avertissement et signifie clairement que la cour s'impatiente.

Ficelle : « Cela n'est pas dans mes habitudes, mais je veux rendre hommage à la manière exemplaire dont monsieur (ou madame) le président a conduit les débats. »

Il s'agit là d'une flagornerie rituelle que l'avocat sert à tous les présidents d'assises qu'il rencontre, sans exception. Il feint ainsi de marquer son respect envers le magistrat que les jurés respectent véritablement, puisqu'ils n'en ont jamais rencontré d'autres, et d'obtenir que le président, flatté, ne lui soit pas trop défavorable lors du délibéré.

Ficelle : « J'ai énormément de respect pour les policiers (ou les gendarmes, ou les psychologues, ou les médecins légistes, etc.)… »

Formule destinée à un témoin « professionnel » ou à un expert. Bien évidemment, on sent que l'avocat va s'employer dans une minute à piétiner le témoignage ou à tailler l'expertise en pièces. Ce qui est cocasse, c'est que les intéressés, rompus à l'exercice, semblent toujours se laisser avoir, dans un premier temps, par cette déférence de pure façade.

Ficelle : « C'est bien votre signature, là ? »

Il y a deux grandes règles aux assises :

a) la procédure est orale et ce qui est censé compter, c'est ce qui est dit à l'audience, pas ce qui est écrit dans la procédure ;

b) un avocat ne pose en principe que des questions dont il connaît par avance la réponse.

Lorsqu'il interroge un témoin, l'avocat se réfère au procès-verbal d'audition établi au moment de l'instruction, soit dans le cabinet du juge, soit dans le bureau des enquêteurs. Il veut faire répéter à l'homme ou à la femme qui endure le martyre derrière le micro (« pas facile d'être à cette place, hein... ») ce qui avait été couché sur le papier et l'arrange bien (sans quoi il ne parle pas du procès-verbal). Or, entre la première déposition et celle de l'audience, trois, quatre, cinq, dix, trente années ont pu s'écouler, et la mémoire du témoin a reconstruit sa vérité : il arrive qu'il ne dise pas ce qu'il avait déclaré autrefois, également sous serment. L'avocat ne se démonte pas. Il s'approche du témoin, tenant à la main le procès-verbal sur lequel, de loin, on voit le fameux passage surligné au Stabilo. Prenant un air menaçant, il montre au témoin sa signature et lui demande : « C'est bien votre signature, là ? » Le témoin, très confus, reconnaît que, oui, c'est bien sa signature, là (sauf si l'avocat s'est trompé de procès-verbal et de témoin, ce qui arrive de temps en temps et fait beaucoup rire). L'avocat le presse alors de s'aligner sur l’écrit, et ça marche pratiquement à tous les coups. Le témoin bredouille toujours, en effet, la même phrase, que l’avocat attend avec gourmandise : « Si je l’ai dit à l’époque, c’est que ça doit être la vérité. » Bien joué : l’oralité des débats a été contournée, et l’avocat pourra plaider que la mémoire du témoin est infaillible.

Ficelle : « Monsieur (ou madame), vous êtes un enquêteur chevronné, au service depuis X années de la police judiciaire (ou de la gendarmerie nationale). Aviez-vous déjà été appelé sur une scène de crime aussi épouvantable ? »

Toutes les scènes de crime sont épouvantables, mais il convient de faire croire aux jurés que celle-ci est la pire de toutes. L’avocat de la partie civile ne prend aucun risque en posant cette question, pas davantage l’avocat général, car le témoin répond toujours : « Jamais. » Raison pour laquelle aucun avocat de la défense sain d’esprit ne pose cette question.

Ficelle : « Combien de temps avez-vous rencontré mon client ? »

Cette question, réservée à la défense, a pour objet de mettre mal à l’aise l’expert psychologue ou psychiatre qui a rendu un rapport favorable à l’accusation, car le grand public, dont sont issus les jurés, imagine volontiers que ces experts sont des sagouins qui bâclent leurs rapports. Ce qui, au demeurant, n'est pas toujours faux.

Ficelle : « J'ai chronométré : monsieur l'avocat général n'a consacré que trois minutes et seize secondes à mon client dans son réquisitoire. »

Les avocats possèdent des chronomètres déréglés, beaucoup plus rapides que ceux qui sont vendus dans le commerce. Cela leur permet, en toute bonne foi, de démontrer aux jurés, qui ne regardent pas leur montre pendant les réquisitoires, qu'il y a tellement peu d'éléments à charge contre leur client que le ministère public devrait avoir honte de requérir sa condamnation. À noter que la ficelle du chronomètre s'utilise utilement dans les cas où il y a plusieurs accusés. À noter aussi qu'elle ne fait pas forcément le bonheur des avocats des autres accusés.

Cosette

Non, Javert ne s'est pas noyé dans la Seine. Vous l'ignoriez, Cosette a épousé Marius, mais celui-ci la trompe. C'est, en tout cas, ce qu'a imaginé l'écrivain François Cérésa, auteur, à la demande de l'éditeur Plon, d'une suite en deux parties aux *Misérables*: *Cosette ou Le Temps des illusions*, et *Marius ou Le Fugitif*.

Bien que le retentissement de ces ouvrages ait été limité, ils ne sont pas du goût des descendants de Victor Hugo qui portent plainte, soutenus par la Société des gens de lettres. Conjointement, ils réclament au tribunal de Paris la bagatelle de 690 000 euros de dommages et intérêts en réparation d'une profanation littéraire. Et c'est parti pour sept ans de procédure. Plon gagne d'abord. Mais l'empire Hugo contre-attaque et remporte l'appel. Pourvoi en cassation de l'éditeur. La Cour de cassation désavoue, pour des raisons de forme, la cour d'appel. Nouveau procès.

Les avocats de Plon, Mes Paul Lombard et Jean-Claude Zylberstein, ne manquent nullement de talent. Mais ils ont trouvé plus fort qu'eux pour plaider le dossier : Victor Hugo. Voici ce qu'écrivait celui qui avait noyé Javert, après qu'il lui eut fait entrevoir « la possibilité d'une larme à l'œil de la loi » – pour, enfin, ficher la paix à Jean Valjean. Le grand Victor, donc, avait plaidé sans le savoir pour Plon et François Cérésa, dans son discours au Congrès littéraire international de 1878 : « Dès que l'œuvre est publiée, l'auteur n'en est plus le maître, *professait-il.* C'est alors l'autre personnage qui s'en empare, appelez-le du nom que vous voudrez : esprit humain, domaine public, société (…) Une fois l'auteur mort, je déclare que s'il me fallait choisir entre le droit de l'écrivain et le droit du domaine public, je choisirais le droit du domaine public (…) Nous devons travailler pour tous avant de travailler pour nous. »

Sa plaidoirie d'outre-tombe l'a définitivement emporté.

Guêpe

Son mari est accusé d'avoir tué sa mère. Elle, elle est sa troisième épouse et elle entend bien le rester. Avant, elle vendait des fripes sur le marché. Depuis que cet héritier flambeur l'a croisée dans une discothèque, elle virevolte en propriétaire derrière la caisse de la plus belle parfumerie de la ville, son cadeau de « fiançailles ».

Chaque jour, depuis le début du procès, elle rejoint la cour d'assises du Rhône, à Lyon, au volant d'un puissant 4×4 noir décapotable à toit ouvrant et vitres fumées. Citée comme témoin par l'accusation, elle n'a pas encore déposé, l'accès à la salle d'audience lui est donc interdit. Entre deux suspensions, où elle vient prendre des nouvelles auprès de l'avocat de son mari, elle court les boutiques et on la croise, chargée de paquets, serrée dans un blouson de cuir rouge qui découvre un caraco de dentelle noire, perchée en minijupe sur de hauts talons ou moulée dans un jean et chaussée de santiags blanches, la bouche toujours peinte de couleurs vives, les deux poignets chargés de bracelets dorés.

Elle croise
ses mains sur
le pupitre, lance
un regard plein
de douceur
à son mari. L'avocat
observe l'heureuse
transfiguration
de la dame avec
un air de professeur
satisfait.

Elle est enfin annoncée à la barre. Elle s'approche. On se frotte les yeux. Est-ce bien la même ? La femme qui entre porte un pantalon à pinces en flanelle anthracite sur des mocassins noirs, un pull de laine fine gris clair à col roulé, qu'éclaire l'or mat d'une chaîne au bout de laquelle pend un petit cœur. Elle a noué ses cheveux en sage queue-de-cheval à l'aide d'un ruban de velours noir et son visage ne porte pas la moindre trace de maquillage. Elle croise ses mains sur le pupitre, lance un regard plein de douceur à son mari. L'avocat observe l'heureuse transfiguration de la dame avec un air de professeur satisfait.

Au président qui semble très curieux de connaître les relations qu'elle entretenait avec feu sa belle-mère, elle s'applique à répondre le plus courtoisement du monde et prend soin de ne rien dire qui puisse trahir le peu de cas qu'elle faisait de cette vieille femme riche qui n'avait jamais accepté de la recevoir chez elle. Il insiste :

— Si l'on en croit certains témoignages, votre belle-mère n'avait pas l'air d'apprécier cette troisième union de son fils…

Petit sourire désolé de la dame en gris.

— Vous savez, monsieur le président, les relations ne sont pas toujours simples entre belle-mère et belle-fille…

— Certes. Mais elle était particulièrement sévère sur vous…

— Nous n'avons pas eu vraiment le temps de nous connaître…

Le président fouille dans ses papiers.

— Elle, en tout cas, semblait vous avoir jugée…

Il lit à la cour des morceaux choisis d'une lettre adressée par la victime à l'une de ses amies, dans laquelle elle se lamente de la « dernière trouvaille » de son fils. « Je ne sais pas, ou plutôt je crains de deviner où il a déniché cette blonde vulgaire qui n'en veut qu'à son argent », écrivait-elle. Le président cite encore le témoignage d'une autre amie de la vieille dame, entendue pendant l'enquête : « Elle m'avait confié son désespoir de voir son fils se laisser mener par cette traînée. »

Dans le micro resté ouvert, tout le monde entend l'épouse murmurer, rageuse :

— Ah putain, la mégère !

Le président se tait et laisse les jurés observer pendant quelques longues secondes la guêpe qui leur fait face.

Dîners

Les avocats pénalistes authentiques ont des appétits d'ogres. Ils sont généreux, amusants, et ne détestent pas réunir autour d'eux quelques journalistes pour raconter leurs hauts faits.

C'était à Bastia, au procès en appel de la rocambolesque affaire dite des « paillotes incendiées ». Le préfet de région, Bernard Bonnet, nommé après l'assassinat de Claude Érignac, était accusé d'avoir commandité la destruction d'établissements de plage illégalement construits sur le littoral, et dont les propriétaires restaient sourds aux sommations d'huissier.

Me Paul Lombard défend, avec deux jeunes confrères, l'un de ces coprévenus, colonel de gendarmerie. Lors d'une suspension, il attrape le bras d'un journaliste et, à brûle-pourpoint, lui demande : « Avez-vous déjà mangé des merles ? » Le journaliste n'a jamais mangé de merles, il ignore même que cet oiseau est comestible. « Je m'occupe de tout », tranche Me Lombard. C'est, comme dans *Le Parrain*, une offre qu'on ne peut pas refuser.

Le soir dit, une voiture embarque le journaliste sur le port et le conduit dans un village perché en surplomb de Bastia dont les lumières font écho au reflet des étoiles qui scintillent dans un ciel corse couleur d'encre. L'auberge est typique, et déserte en ce mois de novembre. Quatre clients seulement : Me Lombard, ses deux jeunes confrères, le journaliste. Pour l'accueil, le patron, un Corse relativement peu loquace. Au service, la femme du patron, une Corse vêtue de noir, pas bavarde du tout. On comprend vite que l'avocat, qui a dû dévorer mille merles au cours de sa déjà longue existence, a surtout envie de voir la fille du patron et de l'entendre chanter – elle est, jure-t-il, du genre rossignol à croquer. Du vin corse est servi en abondance, noir comme le ciel corse, tiré d'un tonneau clandestin et apporté sur la table par la dame muette dans des litres à capsule articulée, pareils à ceux dans lesquels, autrefois, on achetait la limonade sur le continent.

Alors, ces merles ? Pas si vite. Il faut d'abord goûter une déclinaison de cuisine au brocciu, excellente au demeurant – c'est fou le nombre de plats corses qu'on peut faire avec du brocciu.

Et la fille du patron ? Pas si vite. Il faut d'abord écouter une sélection de chansons du patron, qui s'accompagne à la guitare. Le refrain de l'une d'elles dit – pour autant que l'excès de vin noir permette de mémoriser la langue corse – quelque chose comme « *liberta, liberta per i patrioti corsi* », c'est une œuvre engagée. Le patron traduit dans la foulée, toujours en musique : « Liberté, liberté pour les patriotes corses. » À la fin, il explique : « Je l'ai chanté aussi en français, pour que ce soit bien clair. » C'est clair. Très clair. Le vin coule toujours, le brocciu poursuit sa parade triomphante.

Les merles arrivent avant la fille du patron. Ils sont rôtis à point et, pour rester bien moelleux, fourrés de brocciu. Me Lombard, amphitryon de première classe, raconte ses débuts à Marseille, d'irrésistibles histoires de vieilles robes, sans jamais dire de mal de quiconque – personne n'est parfait. Le maître ne touche pas au vin, il carbure à l'Orezza, l'eau pétillante corse. On se tord de rire à ses anecdotes, la situation est à deux doigts de dégénérer en incident diplomatique quand la dame muette annonce sans desserrer les lèvres que le plateau de fromages n'en comporte qu'un seul – du brocciu, éventuellement agrémenté à la demande d'un alcool fort et corse.

À cet instant paraît le rossignol. Le regard de Me Lombard rajeunit de cinquante ans pendant que la ravissante prend place en bout de table à côté de son père, qui n'a pas lâché sa guitare. Ensemble, ils interprètent deux ou trois succès extra-insulaires du moment, elle chante vraiment très bien, on reprend du vin. Quand elle part, c'est l'heure du dessert : du fiadone, un gâteau au brocciu.

Dehors, il y a deux fois plus d'étoiles. Certains dîners, avec certains avocats, sont la récompense des chroniqueurs judiciaires.

Flots

Il parle comme sans doute il n'a jamais parlé de sa vie. Un flot de mots devant un auditoire nombreux, silencieux, solennel. Il est à la barre du tribunal correctionnel qui juge les quatre prévenus au procès « Xynthia », du nom de la tempête qui s'est abattue sur les côtes de Vendée dans la nuit du 27 au 28 février 2010 et a entraîné la mort de vingt-neuf personnes, y compris sa compagne, dont le corps a été emporté dans les eaux sombres qui avaient envahi leur pavillon entre rivière et océan à La Faute-sur-Mer. À ses amis de l'association de défense des victimes, il avait assuré : « Oh, vous savez, moi, j'en aurai pas pour long. Je vais aller droit au but. » Mais maintenant, face à ces gens qui l'écoutent très sérieusement, le président, les deux assesseurs, le procureur, il se met à tout raconter.

La sortie de la veille, avec son amie au salon du caravaning de La Rochelle, la choucroute qu'ils avaient partagée et que sa compagne avait mal digérée, « c'était du jarret, monsieur le président », le réveil dans la nuit « pour satisfaire un petit besoin naturel et boire une

Six jours leur ont
été consacrés, six
jours de vraies
douleurs
et d'impudeur
mêlées, on a froid,
on est mouillé, les
mots coulent, les
sanglots roulent,
tout
se mélange,
l'essentiel
et l'accessoire.

tisane », les charentaises qu'il avait chaussées – « elles étaient neuves, je les avais achetées sur le marché bien serrées, parce qu'on sait bien, monsieur le président, que les charentaises, ça se détend » – et qui étaient un peu mouillées parce que l'eau commençait à s'infiltrer, le pyjama chaud qu'il avait conseillé à sa compagne d'enfiler – « il était en velours, du beau velours, c'est moi qui le lui avais offert » –, le fauteuil Relax qu'ils ont vainement tenté de surélever – « on a perdu du temps avec ça, mais j'y tenais tellement, je l'avais apporté de chez moi, il était tout cuir », et soudain la vague qui s'était engouffrée dans le couloir. Et eux deux, debout sur le lit – « il faut que je vous parle du lit, monsieur le président, il est ancien, en fonte avec des volutes, vous voyez » –, il mime, monte sur la pointe des pieds, s'arrime à la barre, il est tout à son récit, il évoque en pleurant sa compagne disparue, ses deux mains, paumes écartées, dessinent des courbes dans l'air – « elle avait des rondeurs de femme partout, monsieur le président, et moi ses rondeurs, je les aimais » –, il sanglote plus fort encore, maintenant il parle de sa mère, qui était « une femme bien, monsieur le président », de son enfance, de son entrée dans l'armée comme mécanicien, de ses exploits en plongée sous-marine, de sa bonne santé et de son intimité, plus rien ne semble l'arrêter. Avant, il était du genre « costaud », c'est lui-même qui le dit, pudique aussi. Et anonyme. Maintenant, il est une victime et tout a changé.

Au tribunal, on l'écoute sans l'interrompre en hochant gravement la tête. À la suspension d'audience, on lui propose d'être pris en charge par une cellule psychologique. À la sortie du palais, stylos, micros et caméras se tendent vers lui et lui demandent de recommencer à raconter. Avec un peu de chance, il passera à la télé. Victime, c'est un statut particulier.

Surtout là, au procès Xynthia. Qu'elle dérape, qu'elle dérive, peu importe, il faut, dit-on, « libérer la parole des victimes » et chacun s'y emploie. Six jours leur ont été consacrés, six jours de vraies douleurs et d'impudeur mêlées, pendant lesquels l'eau monte, n'en finit pas de monter dans les pavillons, on a froid, on est mouillé, les mots coulent, les sanglots roulent, tout se mélange, l'essentiel et l'accessoire, la perte d'un proche et les déboires électroménagers, et voilà le tribunal qui se transforme en annexe d'une émission de confidences télévisées, en une sorte de Mireille Dumas judiciaire. Le magistrat et essayiste Denis Salas résume d'une formule cruelle la dérive victimaire du procès pénal : « Aujourd'hui, dans *L'Étranger* de Camus, le personnage principal ne serait pas Meursault, mais l'Arabe, sa victime », tuée sur une plage.

Grand amour

La main de Michel ne quitte pas celle de Jacqueline. Ils arrivent ensemble à la cour d'assises, s'assoient côte à côte sur le banc des parties civiles, leurs doigts emmêlés pendant la journée d'audience, puis repartent le soir, toujours inséparables.

Michel avait été accusé d'avoir tué sa mère et sa demi-sœur dans un cimetière pour chiens à Gournay, dans l'Eure, en 1995. Il a une tête et un mode de vie de coupable : air pas commode, revenus rabougris et encore, par intermittence, logement de fortune – un camping-car à l'époque des faits – en lisière de village, caractère entier… Et un mobile plausible : un héritage à 100 000 francs (15 250 euros environ), une fortune pour lui. Son propre fils, avec lequel il s'entend mal, l'a dénoncé : il lui aurait avoué le coup du cimetière. Un beau matin, les gendarmes sont venus arrêter Michel, et Michel est parti en prison pour trois ans, malgré ses dénégations et son alibi, car il en avait un. Pour être précis, Michel avait même trois alibis.

Oh, bien sûr,
elle a divorcé
de Michel, jadis
rencontré par
petites annonces.
Il n'était pas
un mari formidable.
Mais un assassin,
lui ? Non,
impossible.

Dès qu'elle apprend la nouvelle, Jacqueline ne le croit pas capable de faire ça. Oh, bien sûr, elle a divorcé de Michel, jadis rencontré par petites annonces. Il n'était pas un mari formidable. Mais un assassin, lui ? Non, impossible. Jacqueline remue terre et ciel pour que la justice fasse machine arrière, harcèle l'avocat de Michel pour qu'il ne laisse pas le juge d'instruction s'endormir sur ses certitudes. Rien n'y fait. Michel reste en prison. Jusqu'à ce qu'un certain Louis Poirson, tueur en série surnommé le « tailleur de pierre », avoue le double crime de Gournay en donnant des détails qui prouvent qu'il en est bien l'auteur. Cette fois Michel va sortir. Mais non, la justice regimbe, Dieu sait pourquoi, à le remettre en liberté, il a peut-être une si belle tête de coupable qu'on hésite à le laisser filer en dépit de ses alibis et des aveux du « tailleur de pierres ». Quand, enfin, il est autorisé à quitter sa cellule, il est lesté d'un contrôle judiciaire qui lui interdit, entre autres, de voir Jacqueline. Il rentre chez lui, tout seul, sans rien. Son logement est en piteux état. Des villageois lui offrent de quoi manger, se chauffer. La mairie paie sa note de téléphone et arrange un contentieux avec EDF. Au bout d'un moment, Jacqueline réapparaît, avec ses valises.

Arrive le procès de Louis Poirson, en septembre 2002, devant les assises de l'Eure. L'accusé ne pose pas trop de problème : il reconnaît les faits. Mais Michel, lui, encombre la machine à juger. Il est, avec ses trois ans de prison pour rien, l'incarnation d'un reproche pour l'institution judiciaire, qui ne sait pas trop comment le prendre. Quand vient le moment pour lui de déposer, ses doigts abandonnent, l'espace de quelques minutes, ceux de Jacqueline, pour se cramponner à la barre. Michel raconte ce qui lui est arrivé, la prison en dépit des alibis, l'amour de Jacqueline retrouvé – là, ce sont ses yeux qu'il a du mal à lâcher. Il a les mots sans colère des gens de peu confrontés à un scandale, car la vie de ces gens modestes est dès le début une succession de galères : pourquoi se révolter plus que de raison contre celle-ci ? Les notables hurlent quand on les accuse ; les prolos se contentent de soupirer, comme s'ils comprenaient qu'on les tracasse pour rien.

Le président est au supplice. Il doit bien poser des questions à Michel, mais Michel contrarie la belle allure de son procès de tueur en série, le genre de débats qu'on ne mène qu'une fois dans une carrière de président. C'est fâcheux, cet innocent qui traîne par là avec sa tête d'ancien coupable et qui, aujourd'hui, est une victime. Alors il lui pose des questions de pure convenance.

Michel repart des assises de l'Eure, sa main dans celle de Jacqueline, sans avoir entendu le moindre mot d'excuse de la justice. Le seul qui lui ait demandé pardon pour le tort qu'il lui a involontairement causé, c'est Louis Poirson, une minute avant que le jury ne se retire pour délibérer et le condamner à la réclusion criminelle à perpétuité.

Bombe

Ange est un braqueur à l'ancienne. Il a, à son actif, une trentaine de vols à main armée et, comme il est corse, une cavale longue de presque dix années. Quand il est arrêté, à dix kilomètres de chez lui, Ange vit dans une petite maison dont il cultive paisiblement le potager. Renvoyé aux assises, il y est condamné.

Pendant l'enquête, une perquisition est conduite chez son beau-père. Dans le grenier, les policiers découvrent un arsenal : cagoules, émetteurs-récepteurs, fusils et pistolets-mitrailleurs, mèches lentes... Ce qui vaut à Ange un autre procès, devant le tribunal correctionnel d'Ajaccio.

Le président est courtois et loyal.

— Monsieur, dit-il à Ange, vous dites que cet arsenal ne vous appartient pas. Le tribunal a envie de vous croire, car il y a dans le lot une mitraillette Sten, qui correspond davantage à la génération de votre beau-père (l'arme était utilisée pendant la Seconde Guerre mondiale).

Le visage du prévenu s'illumine.

— Mais, reprend le président, on a aussi retrouvé des tampons périodiques (encore utilisés pour fabriquer des mèches lentes lors de la confection de bombes), ce qui est plutôt de votre époque. Qu'avez-vous à dire au tribunal ?

Ange réfléchit rapidement. Il répond :

— Condamnez-moi pour détention de tampons.

Le nom du père

Le commissaire Pierre-Jean Grubis téléphone au propriétaire du pavillon que ses hommes sont en train de perquisitionner. C'est l'été, le propriétaire est en vacances en Espagne avec son épouse. Ni l'un ni l'autre n'a commis le moindre délit. C'est leur fils, Maxime, qui a fait une grosse bêtise : il a tiré sur le président de la République pendant le défilé du 14 Juillet. Il voulait l'assassiner et entrer dans l'histoire par la porte du crime.

Maxime Brunerie, qui se rêvait une destinée de régicide, a été maîtrisé par des badauds, la balle qu'il a tirée avec la carabine .22 Long Rifle dissimulée jusqu'au dernier moment dans un étui à guitare appartenant à son père n'a pas touché Jacques Chirac, qui remontait les Champs-Élysées debout dans une voiture découverte. Heureusement, car les experts sont formels : le chef de l'État aurait pu être tué.

En pénétrant dans la chambre du jeune homme, les fonctionnaires de la brigade criminelle sont frappés par la saleté des lieux. « Un capharnaüm, résume leur chef, qui va bientôt appeler les parents. Il y avait des sacs de détritus, des bouteilles contenant de l'urine, des livres de Léon Degrelle, Brasillach, un exemplaire de *Mein Kampf*, un drapeau à croix gammée, des ouvrages néopaïens. »

Persuadé que Maxime Brunerie vivait « replié sur lui-même, comme un gosse abandonné », le commissaire Grubis compose le numéro du père. Il raconte à la cour d'assises de Paris. « Sa première réaction a été : "Vous croyez que je dois rentrer ?" » Le policier n'en revient toujours pas. « En fait, poursuit-il, il voulait savoir si sa Porsche avait été endommagée dans le garage, pendant la perquisition. Il n'était pas étonné qu'on ait trouvé un drapeau à croix gammée dans la chambre de Maxime, mais il était choqué que son fils ait utilisé l'étui de sa guitare préférée. En plus, il l'avait détérioré. »

Le commissaire Grubis se souvient d'un dernier détail : le père de l'homme qui voulait entrer dans l'histoire en assassinant Jacques Chirac lui a demandé, au téléphone : « Comment faire pour changer de nom ? »

Associations

Il y a plusieurs catégories de parties civiles : les parties civiles qui souffrent pour avoir connu et aimé la victime, et des associations qui militent sous forme de parties civiles. Celles-ci, avant le procès, n'ont jamais croisé le chemin de la victime mais entendent porter la voix de toutes les victimes. La loi leur donne le droit d'intervenir aux procès. Ce sont des victimes immatérielles ou, plutôt, les porte-drapeaux d'une cause qui détourne les assises pour en faire une tribune.

Ces associations emploient des avocats qui, pour la plupart, font la tournée des prétoires pour accabler systématiquement l'accusé et prononcer une plaidoirie type, au cours de laquelle ils rappellent les statuts de l'association qui les rémunère, ses hauts faits, et fustigent la laideur du crime. Après quoi ils sautent dans leur voiture ou dans un train sans attendre le verdict – les plus polis font mine d'écouter leurs confrères de la défense.

À de rares exceptions près, ces avocats d'associations ne connaissent le dossier que de manière très superficielle, de sorte qu'ils se distinguent en reposant les bonnes questions du président. À bien y réfléchir, ils reposent aussi les mauvaises. Aux suspensions, ils sont interviewés, faute de mieux, par les télévisions et les radios qui ont besoin d'images et de son, ce qui leur permet de faire croire au grand public, qui n'a pas lu le dossier, qu'ils ont lu le dossier. C'est seulement dans ces moments de griserie médiatique que les avocats d'association redeviennent des avocats normaux : ils parlent davantage d'eux-mêmes que de leur client du moment.

Cadeau

Ce jour-là, Christophe avait fini en avance sa tournée de chauffeur routier. Il avait préparé le dîner et posé sur la table du salon le cadeau qu'il avait acheté pour l'anniversaire de sa femme. Elle est rentrée tard à la maison sans avoir pris la peine de le prévenir. Christophe l'a trouvée bizarrement distante. Elle a haussé les épaules quand il lui a dit que le gratin avait refroidi. Elle lui a répondu qu'elle n'avait pas faim et qu'elle devait faire la comptabilité. Christophe est devenu fou. « Tu me trompes ? » Elle l'a dévisagé avec mépris. Il a pris son cou entre ses mains et il a serré jusqu'à ce qu'elle meure. Puis il a prévenu la police et il a attendu sur le canapé.

Le cadeau encore empaqueté dans son papier turquoise et son bolduc doré est posé sur une table, devant la cour et les jurés.

Le président se tourne vers l'accusé.

— Au fait, c'était quoi le cadeau ?

Le visage de Christophe s'éclaire d'un coup.

— Un camion avec une double remorque, les portes qui s'ouvrent et un klaxon en trompette comme chez les Américains, entièrement télécommandé, monsieur le président.

Doute grammatical

À les observer, l'une vêtue de noir, visage cadenassé, lame échappée d'un atelier de Giacometti, l'autre virevoltante et passionnée, dardant des regards inquiets sur le public, on se disait qu'il y avait là, entre ces deux femmes, une tension – rage, mépris et répulsion mêlés – qui valait celle dont s'enveloppe, d'ordinaire, l'évocation d'un crime en cour d'assises.

Le « crime » se niche dans une phrase à l'imparfait du subjonctif reprochée par Judith Miller, fille de Jacques Lacan, à l'universitaire et historienne de la psychanalyse Élisabeth Roudinesco. Dans un essai publié au Seuil, *Lacan envers et contre tout*, celle-ci avait écrit : « Bien qu'il [Lacan] eût émis le vœu de finir ses jours en Italie, à Rome ou à Venise, et qu'il eût souhaité des funérailles catholiques, il fut enterré sans cérémonie et dans l'intimité au cimetière de Guitrancourt. »

Passe encore pour Rome ou Venise. Mais l'évocation, ainsi prêtée à son célèbre père, d'un vague souhait de « funérailles catholiques » a été perçue comme gravement diffamatoire par Judith Miller, qui a décidé de poursuivre Élisabeth Roudinesco devant les tribunaux.

Le tout a donné lieu, mercredi 16 novembre 2011, dans la salle comble de la 17e chambre du tribunal de grande instance de Paris, à trois heures de cabotinage acide entre avocats, Me Christian Charrière-Bournazel pour Judith Miller, Me Georges Kiejman en défense d'Élisabeth Roudinesco.

« Mme Roudinesco fait partie de ces auteurs qui s'attachent à des personnages qui ne sont pas attachés à elle », persifle Me Charrière-Bournazel avant d'évoquer « l'insulte insupportable » faite à la fille préférée de Jacques Lacan. Une moitié du public approuve bruyamment.

L'autre moitié manifeste son soutien à Me Kiejman, citant Jacques Lacan – « je suis un enfant de curé » –, évoquant le premier mariage du psychanalyste à l'église et le baptême de ses trois enfants, « y compris Judith Miller qui a fait sa communion », dans lesquels il voit la preuve que « l'on peut ne plus avoir la foi mais rester obsédé par le rituel catholique ».

Me Kiejman convoque Sophocle, Freud et Hegel – la partie gauche du public, qui les connaît manifestement mieux que lui, s'indigne – pour finalement ramener l'affaire à son nœud : « Mon papa m'aimait beaucoup et j'aimais beaucoup mon papa. Mais cela ne justifie pas que l'on porte atteinte à la liberté d'expression. »

À l'adresse du tribunal dont il pressent qu'il hésitera à s'aventurer dans l'interprétation des dernières volontés lacaniennes, Me Kiejman propose une caution plus familière. Celle de Grevisse, selon lequel, assure-t-il, le plus-que-parfait du subjonctif – « bien qu'il eût souhaité » – peut avoir « une valeur indicative ou conditionnelle sans que rien ne permette de distinguer ces deux modes ». Et vient la péroraison : « Le doute, fût-il grammatical, doit bénéficier à l'accusé ! »

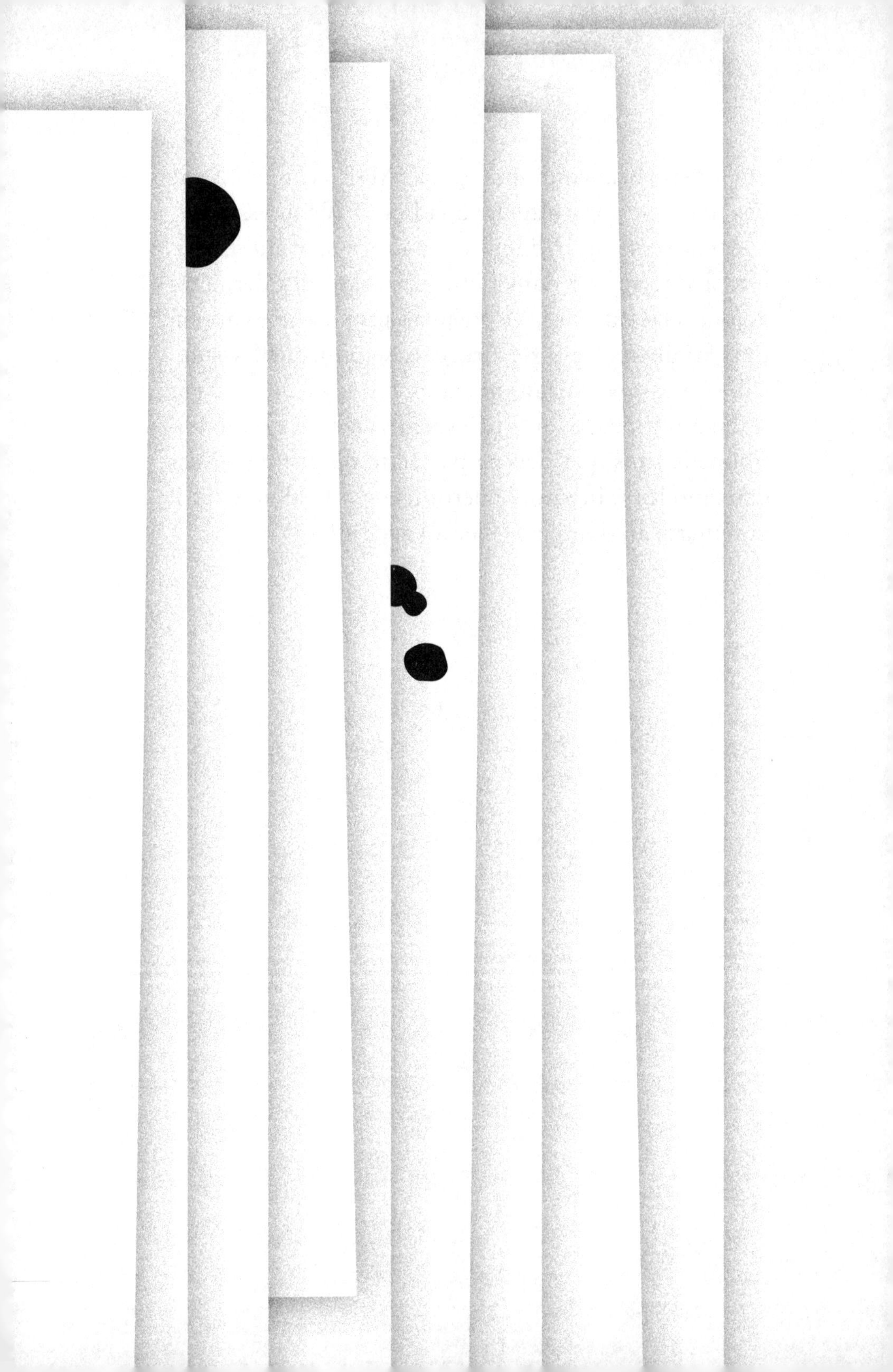

Médailles

Le 11 novembre 2008, Gilbert est resté chez lui, devant la télé. Pas de cérémonie officielle. Pas de lever de drapeau. Pas de poignées de main solennelles. Pas de photos dans le journal le lendemain, son béret rouge de parachutiste vissé sur la tête, ses médailles en pagaille accrochées au revers de son veston.

Quelques mois plus tôt, il était vice-président de la 655e section des médaillés militaires de la ville de Yerres (Essonne). Pour rien au monde il n'aurait manqué ces 14 Juillet, ces 8 Mai, ces 11 Novembre, ces 18 Juin, ces 19 Mars. Les commémorations, c'était la grande affaire de sa vie. Avec les rendez-vous d'anciens combattants, les dîners de veuves de guerre et les enterrements – beaucoup d'enterrements, forcément, avec le temps –, Gilbert était un septuagénaire très occupé.

Lorsque le vice-président de sa section était mort, en 2002, Gilbert avait proposé ses services. On connaissait depuis des années cet ancien d'Algérie et tout le monde l'appréciait. Il était disponible, actif, et comme il remplissait la seule condition impérative – être titulaire de la médaille militaire, cette Légion d'honneur des combattants –, il avait été élu à l'unanimité.

Deux ans plus tard, dans les salons de l'hôtel de ville de Yerres, en présence de toute sa famille et de ses amis du monde combattant, Gilbert avait connu un intense moment de bonheur. Il s'était fait remettre les insignes de chevalier de l'ordre national du Mérite par un colonel de l'armée de terre en retraite.

Désormais, à chaque manifestation officielle, il pouvait arborer le bleu du Mérite aux côtés du vert-jaune de la médaille militaire, du blanc et rouge de la Valeur militaire et du violet des Palmes académiques. Un « vrai sapin de Noël », s'amusait-on parfois. Les Palmes académiques, ça avait d'ailleurs un peu surpris ses amis combattants, car dans le civil, ils ne l'avaient connu que plombier. Mais bon, Gilbert était tellement dévoué. Il avait même ajouté à ses activités des responsabilités complètement bénévoles au sein de La France mutualiste, la mutuelle des anciens combattants. À un ami, il avait confié le dernier de ses rêves : « Un jour, j'aurai le rouge » – la Légion d'honneur.

Pourtant, de méchantes rumeurs avaient commencé à circuler sur son compte. Il se murmurait que tous ces rubans n'étaient peut-être pas vraiment mérités. Les bruits sont arrivés aux oreilles du président de la section, qui s'en est ému et a demandé en tête à tête des explications à Gilbert. Celui-ci a éludé, évoqué une « cabale » contre lui et a promis de prouver ses titres. Le président a attendu, en vain. Gilbert, lui, a continué d'arborer ses décorations dans toutes les grandes occasions.

À l'automne 2007, les choses ont pris un tour plus sérieux. Une enquête dans les fichiers de la Société nationale des médaillés militaires ne révèle aucune trace de Gilbert. Saisi à son tour, le chef de cabinet de la grande chancellerie de la Légion d'honneur indique que son nom est inconnu des archives, qu'il s'agisse de l'ordre national du Mérite ou de la médaille militaire. Au cabinet du ministre de l'Éducation nationale, même constat : jamais ce Gilbert-là n'avait été décoré des Palmes académiques. Lorsque son président lui annonce qu'une plainte pour « port illégal de décorations » a été déposée contre lui, Gilbert s'effondre : « Ma femme, mes enfants, mes petits-enfants… ils ne sont pas au courant. »

Quelques jours plus tard, devant le commissaire de police chargé de l'enquête, Gilbert avoue tout. Ses quatre décorations ne lui ont jamais été attribuées. D'ailleurs, il n'a jamais été parachutiste, encore moins sergent. L'Algérie, il y est bien allé, dans le cadre de son service militaire, mais il en est sorti deuxième classe. « J'étais projectionniste… », indique-t-il.

Avec la complicité d'un de ses amis, un ancien gendarme, il s'était fabriqué un diplôme de médaille militaire daté de 2001. Pour le Mérite, ça avait été plus compliqué. Gilbert connaissait une vieille dame à laquelle le ruban bleu venait tout juste d'être attribué. Comme elle se déplaçait avec difficulté, il lui avait proposé d'aller régler à sa place l'achat. Une fois le récépissé en main, il avait fabriqué un faux assez grossier mais qui avait suffi à tromper la vigilance du colonel qu'il s'était choisi comme parrain.

Quant aux médailles et à l'insigne des Palmes académiques, il était allé « tout simplement les acheter dans un commerce qui se trouve au Palais-Royal ». « On ne demande aucun justificatif », a-t-il dit.

Au policier qui lui a demandé pourquoi il avait fait tout ça, Gilbert a répondu : « Je ne sais pas trop... Peut-être pour faire croire que j'étais quelqu'un... »

Le 6 novembre 2008, le tribunal d'Évry a condamné Gilbert à 1 200 euros d'amende. Au fond de la salle, une femme âgée et ses deux enfants l'attendaient. Ils étaient venus entourer un mari et un père, tout simplement.

Dilemme (de l'accusé)

Après de longues journées de débats, après les dépositions terribles des victimes, après des heures de réquisitoire, une voix se lève en défense. Me Jean Boudot se tient roide à la barre, austère clergyman, nul mouvement n'accompagne ses mots. Son timbre est grave et doux à la fois. Il faut un petit moment pour prendre conscience de sa puissance. On la mesure à la qualité du silence qui l'accueille, à l'attention profonde qu'elle suscite dans la salle d'audience.

Il plaide pour une femme sur laquelle s'est concentrée pendant deux semaines la colère de centaines d'autres femmes parties civiles dans cette lourde affaire de prothèses mammaires défectueuses : « Si vous pleurez, c'est sur vous que vous pleurez. Si vous ne pleurez pas, vous manifestez une indifférence insupportable aux victimes. Si vous demandez pardon, alors vous êtes suspecte de vouloir simplement attirer sur vous l'indulgence. Si vous ne demandez pas pardon, c'est que vous êtes dans le déni total et d'un cynisme absolu. Si vous répondez trop vite, c'est que vous avez été parfaitement préparée par votre avocat. Et si vous ne répondez pas assez vite, vous manquez cruellement de spontanéité et donc de sincérité. »

C'était au tribunal correctionnel de Marseille, cela aurait pu être partout ailleurs. En quelques phrases, l'avocat dit ce jour-là l'éternel dilemme de l'accusé face à ses juges.

Acquittement

Ce jour-là, il y en avait eu six d'un coup. Presque autant que de mouches dans le conte du Petit Tailleur. Le délibéré avait duré longtemps, sept heures et trente-cinq minutes. Bien que ce fût un procès en appel avec, à l'époque, douze jurés (ils ne sont plus que neuf désormais) et trois magistrats professionnels, bien qu'il y eût six accusés, ce qui allongeait nécessairement les discussions, bien que le parquet eût requis l'acquittement de tous les accusés, bien que la défense, dans la foulée, eût renoncé à plaider, sept heures et trente-cinq minutes, cela suscitait l'inquiétude.

La présidente de la cour d'assises de Paris, Odile Mondineu-Hederer, a demandé aux six accusés de se lever pour entendre la sentence. Ils se sont levés. La présidente a lu : « Il a été répondu non à l'ensemble des questions. » Non aux questions portant sur la culpabilité, cela veut dire, en langage profane, oui à l'innocence, mais seuls les professionnels le savent. Les autres, public, victimes et accusés, ne sont pas rompus à cette petite gymnastique intellectuelle qui permet d'apprécier le prix du « non ». Les six accusés qui se sont dressés dans un sursaut mécanique avaient-ils compris sur-le-champ ce qui allait suivre ? La présidente : « Monsieur Thierry Dausque, vous êtes acquitté. Monsieur Franck Lavier, vous êtes acquitté. Madame Sandrine Lavier, vous êtes acquittée. Monsieur Dominique Wiel, vous êtes acquitté. Monsieur Alain Marécaux, vous êtes acquitté. Monsieur Daniel Legrand, vous êtes acquitté. » En deux minutes, ce soir de décembre 2005, un point final a été mis à l'affaire d'Outreau[3]. Six acquittements d'un coup, c'est rare : le public s'est mis debout, des larmes ont coulé sur toutes les joues, les acquittés se sont embrassés, rejoints par plusieurs de leurs compagnons d'infortune

---

3. Affaire de pédophilie et erreur judiciaire majeure du début du XXIe siècle, qui porte le nom d'une commune limitrophe de Boulogne-sur-Mer, dans le Pas-de-Calais, où elle trouve son origine. Dix-sept personnes ont été renvoyées aux assises après avoir été accusées par des enfants, souvent de manière extrêmement circonstanciée, de viols ou d'agressions sexuelles. Quatre seulement ont été condamnées définitivement lors d'un premier procès, à Saint-Omer. Le deuxième a eu lieu en appel devant la cour d'assises de Paris. Ce dossier, dans lequel des innocents ont subi jusqu'à trois ans de détention injustifiée, est devenu un symbole des dysfonctionnements toujours possibles du système judiciaire (instruction, parquet, cour d'appel, services sociaux, experts psychologues…). Pour des raisons procédurales, Daniel Legrand a été jugé une troisième fois pour les mêmes faits, par la cour d'assises des mineurs d'Ille-et-Vilaine, à Rennes, en 2014. Il fut de nouveau acquitté, conformément aux réquisitions de l'avocat général.

qui avaient été innocentés un an et demi auparavant, à Saint-Omer, lors d'un premier procès. Un naufrage judiciaire d'une ampleur considérable se terminait ainsi, par des larmes, et l'on ne pouvait pas s'empêcher de penser que c'étaient encore des innocents qui pleuraient – la dernière injustice.

La cour d'assises est faite pour condamner. Rapportés au volume d'affaires, les acquittements sont, en quelque sorte, des accidents de parcours. L'un des plus célèbres avocats de l'après-guerre, René Floriot, à qui l'on demandait un jour si les erreurs judiciaires existaient, avait répondu : « Elles existent, on les appelle des acquittements. »

La formule n'est pas que drôle. Un acquittement peut, en effet, apporter la preuve qu'un innocent a été injustement poursuivi et renvoyé devant des jurés alors qu'il n'avait rien fait. Mais ce n'est pas certain ; il a pu bénéficier du doute. On ne le saura jamais : lorsqu'il rend le verdict, le président ne dit jamais si la sentence a été prise à l'unanimité, ou si le bénéfice du doute a été accordé.

Le moment où est prononcé dans une cour d'assises le mot « acquittement » est toujours troublant. Même quand cette issue a semblé inéluctable au terme des débats, il y a toujours un risque que les jurés aient eu, du dossier, une autre lecture, ou qu'un rebondissement survienne lors du délibéré. Cela se joue parfois à une voix. L'acquittement, c'est la liberté ultime du juge alliée à l'inconfort de la décision radicale. Une peine peut être graduée ; pas l'acquittement. En acquittant, les jurés s'affranchissent des enquêteurs, du juge d'instruction qui a signé une mise en accusation, du procureur de la République qui a requis ce renvoi aux assises, des parties civiles. C'est difficile à assumer, cette liberté, pour un citoyen ordinaire arrivé là avec l'idée que la justice ne peut pas se tromper à ce point.

Et puis, celui qui n'est pas condamné va ressortir libre. Les victimes seront meurtries de n'avoir pas été crues par ces jurés qui leur ressemblent tant et qui ont été, elles l'ont senti, émus par leur souffrance. L'avocat général qui avait requis une peine sévère se sentira incompris, ou humilié, ou joué par un avocat trop habile. Son chef hiérarchique, le procureur général, lui fera sans doute un commentaire aigre-doux au sujet de cette défaite – cela, les jurés l'ignorent. L'accusé, si tendu pendant son procès, si anxieux, apparaîtra soudain à ceux qui l'ont jugé souriant, pleurant de joie. Ses mots, ses protestations d'innocence ont été mis en doute tout au long des débats : ces larmes-là, forcément, seront interprétées par certains comme le plus insolent des pied-de-nez ; car l'accusé ne sera jamais totalement cru, qu'il soit à l'évidence innocent, ou que les preuves manquent pour le condamner.

Lyncheurs

Quand l'audience commence à 9 heures, ils font la queue dès 6 heures du matin. Lorsqu'elle reprend à 14 heures, ils sortent de la cour d'assises au petit trot à 12 h 30 et sautent le déjeuner pour aller immédiatement gagner leur place dans la file des citoyens qui, depuis la fin de la matinée, attendent leur tour pour entrer. Il y en a de plus malins que d'autres, qui se munissent d'un siège pliant pour poireauter plus confortablement, d'un sandwich, de grilles de sudoku ou de mots fléchés. Il y en a de plus acharnés que d'autres, qui dorment sur les marches du palais de justice emmitouflés dans un sac de couchage pour être certains d'avoir un morceau de banc à l'audience. Il y en a de plus entreprenants que d'autres, qui proposent de l'argent aux policiers en échange d'un passe-droit. Les gens du public sont des spectateurs assidus de la machine à juger ; ils n'en comprennent pas les ressorts, mais ils sont convaincus qu'elle doit fabriquer un verdict « exemplaire ». Ils croient sincèrement

Il y en a
de plus acharnés
que d'autres,
qui dorment
sur les marches
du palais de justice
emmitouflés
dans un sac de
couchage pour être
certains d'avoir un
morceau de banc
à l'audience.

que leur colère citoyenne est le charbon dont la machine à juger a besoin pour tourner.

La foule des procès d'affaires dont la victime est un enfant est compacte, à la fois soudée par un même espoir – assister aux débats –, et faussement unie car hantée par la phobie des resquilleurs. Or, chaque voisin est un resquilleur potentiel. On discute pour tuer le temps, on s'échange des bonbons, des petits gâteaux ou des cigarettes, mais on surveille bien que personne ne double. Les tricheurs sont impitoyablement dénoncés au service d'ordre, les insultes fusent. Il arrive que des coups volent.

Il y a dans ce serpent humain plus long l'après-midi que le matin des retraités, des étudiants, des « mamans au foyer », des personnes « à la recherche d'un emploi », d'autres qui ont « posé des RTT » pour venir. Tous disent qu'ils veulent « connaître la vérité » mais nombre d'entre eux en ont déjà une qu'ils viennent seulement confronter à celle de l'audience. Et c'est la leur qui l'emportera.

La foule s'approprie l'enfant tué. Les papas, les mamans, les papis et les mamies qui piétinent des heures pour s'asseoir en face du « monstre » du box sont persuadés de subir un deuil. Ils n'ont pas connu la victime, mais ils l'ont adoptée en regardant aux actualités les images d'une marche blanche, ou son portrait entouré de bougies et de dessins d'enfants vivants. Les mamans postent volontiers sur leur page Facebook la photo de l'enfant tué, qu'elles n'avaient jamais rencontré, et qu'elles font revivre artificiellement depuis qu'il est mort.

La foule sait très bien ce qu'elle ferait si c'était son enfant à elle qu'on avait tué. L'instinct du lyncheur, ici, ne craint pas de s'exprimer à haute voix. Et si on lui dit qu'il faut attendre le verdict, que la justice est là pour faire jaillir une vérité d'un dossier pas forcément si clair que cela, la foule, méchante, voudrait qu'il arrive quelque chose à l'enfant de celui qui doute.

Guide

L'affaire était sombre, si sombre, le crime si laid, son atmosphère si suffocante que l'on avait eu aussitôt envie de tourner les talons. Parmi les jurés aussi, on en devinait plusieurs qui auraient donné beaucoup pour ne pas être là. Quelque chose, pourtant, avait fait que l'on était resté. Un regard mi-clos derrière des lunettes, une voix qui traînait un accent de plaine, de vent et de Nord, et qui interrogeait doucement le pire, comme pour l'amadouer. À l'image du meurtrier assis dans le box, qui avait tué son amant, un richissime commissaire-priseur parisien dont le corps nu avait été retrouvé plié en deux, à moitié carbonisé dans la haute cheminée de pierre de son hôtel particulier, s'était peu à peu substituée celle de l'enfant qui s'ennuyait dans le pavillon familial, entre les silences tristes de sa mère et les blagues de culturiste de son père, de l'adolescent honteux de découvrir qu'il préférait les garçons, du jeune homme de 20 ans devenu postier, quittant un jour sa province et ce père qui « n'aimait pas les pédés » pour Paris et sa liberté.

Deux heures, peut-être trois, avaient passé et les visages verrouillés des jurés s'étaient apaisés. Ils regardaient à la dérobée ce drôle de président qui les guidait et les aidait à affronter le crime sans effroi. Au fond des yeux d'Alain Verleene, on avait cru percevoir une lueur de gaieté. Il savait, lui, que ceux qui l'entouraient étaient maintenant prêts à juger.

Romantisme

La jeune mère de famille française, qui a suivi son époux, comptable, au Maroc, a rencontré le beau médecin allemand à Casablanca, dans le petit milieu des expatriés. À une réunion de parents d'élèves, précisément. « Il a flashé sur moi et après, il ne m'a plus lâchée », se souvient-elle.

Tout indique, en effet, que le docteur Dieter Krombach est sous l'emprise d'un coup de foudre. Le moindre prétexte est bon pour approcher Danièle Bamberski. Veuf, mais remarié, il fait une cour pressante à la jolie blonde qui, dans un premier temps, résiste. À force, elle finit par chanceler. Son mari flaire le danger, la questionne, elle lui avoue que les manœuvres galantes du généraliste bavarois ne la laissent pas de marbre. Le mari exige une entrevue avec son rival. Il en revient convaincu que celui-ci n'abandonnera jamais l'espoir de lui voler sa femme : « Il ne te lâchera jamais, on rentre », tranche-t-il.

La famille Bamberski fait ses bagages et prend le chemin de Toulouse, d'où elle était venue. Elle voyage en voiture. Un ferry lui fait traverser le détroit de Gibraltar. À Algésiras, pendant qu'André Bamberski s'occupe des formalités douanières, Danièle est accostée par un homme coiffé d'un feutre à large bord, le visage dissimulé par des lunettes de soleil : le docteur Krombach a laissé les siens à Casablanca et suivi la jolie blonde. Comment résister encore à une telle détermination, exprimée de manière aussi romantique ?

Danièle quitte son époux et part vivre avec Dieter en Allemagne – ses enfants, Kalinka et Nicolas, l'accompagnent. Quand Kalinka est retrouvée morte, à 16 ans, en 1982, l'enquête de la police judiciaire bavaroise est expédiée et classée : aucune charge n'est retenue contre le notable local, en dépit d'indices plus que troublants. André Bamberski, lui, acquiert la certitude que l'Allemand a tué sa fille. Pendant des années, il remue ciel et terre pour le faire juger. Le procès, enfin, a lieu en 2011. Confronté à des éléments de charge accablants, l'ancien don Juan apparaît comme un odieux pervers. Il a drogué Kalinka pour abuser d'elle, mais la dose, trop forte, a tué l'adolescente.

La présidente, Xavière Simeoni, demande à Danièle, qui a repris son nom de jeune fille :

— Qu'éprouvez-vous, aujourd'hui, à l'égard de M. Krombach ?

La mère de Kalinka, debout entre son premier et son second mari :

— Pendant vingt-huit ans, j'aurais mis ma tête à couper qu'il était innocent. Mais avec tout ce que j'ai lu... ça m'a chamboulée.

On entend, dans ce refus de céder à l'évidence, un tumulte intérieur encore agissant, l'ultime poison du sortilège d'Algésiras.

Soldes

On trouve de tout dans les textes législatifs, même des soldes. Pour tenter de convaincre les justiciables particulièrement réfractaires de s'acquitter des amendes prononcées par décision de justice, la loi du 9 mars 2004, qui porte le nom de l'ancien garde des Sceaux Dominique Perben, propose une réduction de 20 % à toute personne condamnée en matière correctionnelle ou de police, si elle règle son dû dans un délai d'un mois, le montant du rabais ne pouvant excéder 1 500 euros.

Le magistrat qui préside l'audience est tenu de rappeler cette règle à l'annonce de chaque condamnation. Il faut imaginer la scène. Après parfois plusieurs semaines, voire plusieurs mois d'attente, le tribunal rend enfin son jugement. Le président ou la présidente appelle chacun des prévenus à s'avancer à la barre pour entendre la sentence de relaxe ou de condamnation. Souvent, il ou elle s'efforce de donner une certaine solennité à cet instant où la vie d'un prévenu peut basculer. « Le tribunal vous déclare coupable de… Vous condamne à la peine de… »

Un temps de silence. La voix poursuit : « Si vous réglez le montant de votre amende dans un délai d'un mois, vous pouvez bénéficier d'une réduction de 20 %. » On a beau dire, la solennité et l'autorité de la chose jugée en prennent un coup.

On a vu un jour une présidente qui, emportée par son élan, annonça une réduction de… 30 % avant de se corriger : « Non, pardon, c'est 20 %. »

Scooter

Il n'y a pas de petites affaires. Même en matière de circulation routière, la justice doit tout faire pour confondre les coupables, blanchir les innocents.

En octobre 2005, un homme est tranquillement assis au volant de sa BMW, place de la Concorde, quand le pilote d'un scooter qui se faufile dans le trafic trace, avec son engin, une estafilade sur le pare-chocs arrière de la berline. Non seulement il ne s'arrête pas, mais il adresse à l'automobiliste, selon ce dernier, un « geste offensant » – un doigt d'honneur, pour parler clair. Le propriétaire de la voiture a le temps de relever le numéro de la plaque minéralogique du deux-roues; il confie le pare-chocs à un carrossier qui efface la rayure moyennant une facture de 273,13 euros, toutes taxes comprises. L'automobiliste porte plainte, et réclame, outre le remboursement des 273,13 euros, quelque 4 000 euros de dommages et intérêts.

L'identification du scootériste ne pose aucune difficulté à la police, via le service des cartes grises, mais il se trouve que sa machine lui a été volée. Or, afin d'établir si l'égratignure à 273,13 euros est bien due au Piaggio 50 cm^3, il faut impérativement le retrouver. Les enquêteurs s'y emploient et leurs efforts portent leurs fruits : le scooter est découvert parmi d'autres objets dérobés, en Seine-Saint-Denis. De coûteuses analyses des ADN relevés sur le cyclomoteur sont diligentées.

Cela dure trois ans.

Une audience, enfin, a lieu, opposant le conducteur de la BMW et le pilote du scooter. Celui-ci, un étudiant en droit, jeune homme mince en costume gris, est assisté par l'un des pénalistes les plus connus de Paris, Me Thierry Herzog. L'avocat attaque fort : « Je souhaiterais consulter l'acte de vente de la voiture qui, selon la carte grise, a été mise en circulation le 18 octobre 2005, alors que l'accident aurait eu lieu le 14 octobre. »

Le plaignant, lui, déplore que le prévenu n'ait donné suite à aucun courrier recommandé, et que la police n'ait pas daigné organiser de reconstitution.

On étudie les deux rapports d'expertise – l'un sollicité par la défense, l'autre commis par le tribunal –, versés au dossier et qui, une fois n'est pas coutume, concluent dans le même sens : un scooter de type Piaggio 50 cm^3 ne peut avoir occasionné la rayure à 273,13 euros. Deux avocats réclament tout de même, pour la partie civile, leurs 4 000 euros. Le procureur, fort des expertises, requiert implicitement la relaxe. Me Herzog dénonce une procédure abusive pour laquelle il exige, en retour, 4000 euros, somme qui, promet-il, sera versée par son client à des œuvres. Le jugement est mis en délibéré.

Trois mois plus tard, en septembre 2008, le tribunal tranche : le pilote du scooter, Jean Sarkozy de Nagy-Bocsa, fils du président de la République, est relaxé.

Populisme

Les débats avaient été éprouvants. Les assises de Haute-Savoie jugeaient l'auteur de la tuerie du Grand-Bornand, David Hotyat, accusé d'avoir massacré la famille Flactif, le père, la mère et leurs trois enfants. À ses côtés comparaissaient sa femme et un couple d'amis, poursuivis pour des délits liés au crime. Le palais de justice était en travaux, de sorte que le procès avait lieu dans une immense salle polyvalente, au bord du lac d'Annecy. Chaque jour, le prétoire de circonstance était bondé, le public se pressait pour suivre l'audience. L'atmosphère était lourde, la foule grondante.

Arrive le temps des plaidoiries et, comme il se doit, les parties civiles s'expriment en premier. L'un des avocats, sur un ton très solennel, demande à la cour d'observer une minute de silence à la mémoire des victimes. Signe qui ne trompe pas sur le climat judiciaire : à peine a-t-il prononcé ces mots que le public est debout, recueilli, figé dans ce deuil par procuration qu'on rencontre seulement quand il y a des enfants parmi les victimes.

Debout
et silencieux,
le public fait
pression sur
les jurés, dit :
regardez,
nous sommes
les bons citoyens
qui pleurons
les enfants morts.

Les jurés n'ont pas bronché : l'avocat, sans doute, avait averti le président qu'il entendait prendre la cour d'assises en otage, et le président ne le lui avait pas interdit, conseillant probablement aux jurés de ne pas bouger ne serait-ce que par réflexe – la défense pourrait demander la récusation de tous ceux qui se seraient levés, estimant qu'ils auraient ainsi trahi leur sentiment à l'égard des accusés.

Debout et silencieux, le public fait pression sur les jurés. Le public dit : regardez, nous sommes les bons citoyens qui pleurons les enfants morts, nous sommes une marche blanche à son ultime étape, nous sommes le peuple qui attend la vengeance de la justice, regardez-nous encore, mesurez la colère de la rue, prenez garde à ne pas la nourrir : rassasiez-nous.

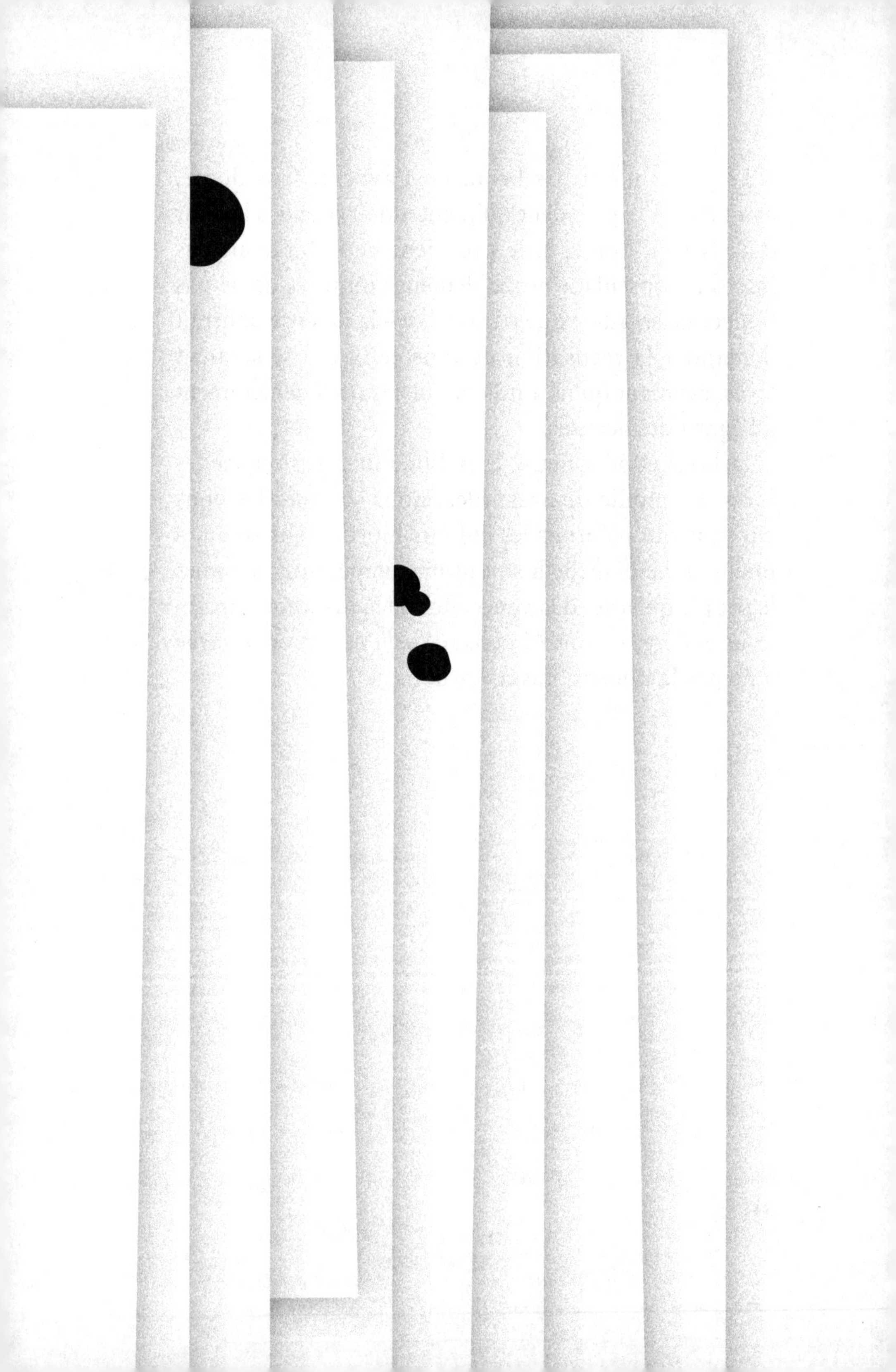

Gêne

Thierry Lévy défend un kinésithérapeute accusé de viols sur ses patientes. Les plaignantes sont pour la plupart jeunes et jolies. L'avocat prépare le procès avec son client. Lui demande s'il connaît, parmi ses patientes, d'autres femmes susceptibles de venir témoigner en sa faveur. Bien sûr qu'il en connaît, lui dit le kinésithérapeute. Il cite quelques noms. Contactées, deux d'entre elles acceptent. Elles n'ont que du bien à dire de lui. La première est appelée à la barre des témoins. Elle entre. Un silence consterné se fait autour d'elle. Le perçoit-elle ? Avant même qu'elle ne prononce un mot, les jurés, le président, l'accusation, les parties civiles, la défense, surtout la défense, mesurent que tout ce qu'elle pourra dire sera inutile. Pire, sa seule présence est accusatoire. Elle est laide. Résolument, incontestablement laide.

Elle dépose avec conviction.

Lorsqu'elle achève sa déclaration spontanée, le président se tourne vers chacune des parties.

— Des questions à poser au témoin ?

Il n'y a pas de questions.

Sommeil(s)

Au début, on croit à un dysfonctionnement des micros. Une sorte de grésillement discret, mais irritant, qui s'invite au beau milieu de la plaidoirie. On fait d'abord comme si de rien n'était. Il faut se concentrer sur les mots, pas sur le bruit. D'autant qu'il y a un enjeu de taille : le ministère public a requis la réclusion criminelle à perpétuité, assortie d'une peine de sûreté de vingt-deux ans, contre l'accusé ; selon l'avocat général, l'homme grand et maigre au regard de hibou est l'un des commanditaires de l'assassinat du préfet de Corse, Claude Érignac. Ce crime, en 1998, a bouleversé la République ; le procès, cinq ans plus tard, la tient en haleine.

Tout à son dossier, l'avocat de la défense se démène. Le grésillement se fait un peu plus fort tandis que Me Patrick Maisonneuve, qui semble ne rien entendre, pousse sa voix de bronze, les yeux de hibou de son client, Vincent Andriuzzi, posés sur sa nuque. Il fait une chaleur torride dans l'immense cour d'assises de Paris. Serrés les uns contre les autres dans le box réservé

Le grésillement
se fait un peu
plus fort tandis
que Me Patrick
Maisonneuve,
qui semble ne rien
entendre, pousse
sa voix de bronze,
les yeux de hibou
de son client,
Vincent Andriuzzi,
posés sur sa nuque.

à la presse, les journalistes transpirent en prenant des notes. Dans le public, on s'éponge le front. Peu à peu, le grésillement se fait plus puissant, plus régulier. Écouter l'avocat devient difficile. On a de plus en plus chaud; des grandes fenêtres, que le président a fait ouvrir, ne tombe pas la moindre brise. Ce procès a commencé le 2 juin 2003, nous sommes le 8 juillet. La cour, les accusés, leurs conseils, les chroniqueurs judiciaires, les huit accusés sont harassés.

Quand son tour est venu de plaider, Me Maisonneuve s'est placé au plus près des juges, à l'extrémité du banc de la défense. Il est à quelques mètres des magistrats de la cour spécialement composée, sans jurés, comme d'usage en matière de terrorisme. Me Maisonneuve a chaud, comme tout le monde. Mais à cet instant il ne voit ni n'entend rien, pas plus qu'il ne souffre de la canicule : il plaide contre la perpétuité. Le grésillement, à présent, devient un bourdonnement qui s'encastre dans la voix de l'orateur, lézarde sa démonstration, déconcentre tout l'auditoire.

Ce n'est plus, d'ailleurs, un bourdonnement. Le bruit parasite, à l'évidence, ne provient pas d'un micro défectueux. Il enfle, se tait, revient à la charge, prend de l'assurance. On dirait une respiration contrainte. On dirait un ronflement.

Tout près de Me Maisonneuve, qui, possédé par sa mission, n'a toujours rien remarqué, se tient la greffière des assises. C'est une petite dame ronde, très sympathique, que les habitués connaissent bien. Pour souffrir un peu moins de la chaleur, elle a retroussé les manches de sa robe noire de greffière aussi haut qu'elle a pu, au niveau des épaules. Ses bras sont découverts. Elle les a croisés sur sa généreuse poitrine. Et puis elle s'est endormie. Le bruit qui, à présent, monopolise toutes les attentions, c'est le ronflement de la greffière, à un mètre de l'avocat qui plaide.

Les journalistes commencent à ricaner. Me Maisonneuve, qui comprend la situation, pousse le volume – la greffière aussi. Soudain, il arrête de plaider. Dans un silence de cathédrale, la greffière ronfle paisiblement. « Je crois que nous avons un petit souci », s'amuse l'avocat à l'intention du président. Celui-ci, embarrassé, pousse du coude son assesseur de gauche, qui pousse du coude son voisin, et ainsi de suite jusqu'au voisin de la greffière qui, du coude, réveille la bienheureuse. Elle ouvre un œil, puis deux, constate que tous les regards sont concentrés sur sa personne, devient écarlate. Me Maisonneuve lui fait un grand sourire et reprend sa plaidoirie. On ne rêve jamais longtemps aux assises.

***

Il fait gris glauque, ce jour de juin 2007, au palais de justice de Nanterre. La salle d'audience est déserte, elle en paraît encore plus tristement laide.

Le tribunal juge une femme chirurgien esthétique, poursuivie pour « homicide involontaire » après le décès d'une de ses patientes. La prévenue n'est pas venue, « elle souffre de dépression », explique son avocat. En face, au banc des parties civiles, il y a Adriana. Adriana est la fille de la patiente décédée. Elle fait tout ce qu'elle peut pour ne pas trop pleurer.

Il y a déjà plusieurs heures que l'on débat de la question de savoir s'il était raisonnable de liposucer le ventre un mercredi puis les cuisses un vendredi chez une femme qui approchait de la soixantaine. L'expert interrogé pense que non, mais il dit aussi que c'est compliqué de se prononcer. Quand vient l'heure des plaidoiries, la présidente s'appuie contre le dossier de son fauteuil, elle a l'air fatigué. L'avocat d'Adriana parle de la victime et du chagrin de sa fille depuis cette fichue et fatale opération. Les paupières de la présidente tombent comme des parachutes. Elle se ressaisit. Prend son stylo pour se donner une contenance et griffonne un bout de phrase. Le mouvement se ralentit, le stylo s'arrête et tombe doucement sur le papier. Le menton de la présidente s'écrase sur sa poitrine.

Les regards des deux juges assesseurs croisent celui du procureur qui vient de croiser ceux des avocats qui se posent sur Adriana, qui regarde à son tour la présidente. Elle dort.

Tueurs en série

Il émane des tueurs en série une toxicité très particulière. Ces êtres-là rendent impossible la moindre identification : ils sont ailleurs, loin. Ils ont tué, aussi, la possibilité qu'on se rapproche d'eux. Ceux qui, pendant l'enquête, ont essayé – policiers, magistrats… – ne s'en sont jamais remis.

Assis à moins d'un mètre de Patrice Alègre, aux assises de la Haute-Garonne, on pouvait voir les crispations de sa mâchoire, le tremblement nerveux de sa jambe, le blanchissement inquiétant des jointures quand ses mains qui ont étranglé six jeunes femmes se contractaient sous l'effet de l'exaspération.

Face à Guy Georges, on découvrait avec stupéfaction comment certains hommes sont des caméléons au teint changeant, au regard insaisissable : pas étonnant qu'une rescapée du « tueur de l'Est parisien », séquestrée par lui pendant plusieurs heures, ait contribué à dresser un portrait-robot qui ressemblait à n'importe qui sauf à Guy Georges, lequel sera condamné pour avoir violé

À leur procès,
il a raconté
quelques-uns
de ses sept
crimes comme
un horloger
méticuleux
présenterait
la meilleure manière
de démonter
le mécanisme
d’une montre. Il a ri,
il a pleuré, il s’est tu,
il a parlé : tout était
affreux.

et égorgé sept malheureuses, choisies au hasard dans la rue ou dans des parkings.

D'Émile Louis, on se souvient d'un masque blanc de kabuki percé de deux trous d'épingle noirs, de mensonges en série débités avec un fort accent bourguignon ; le massacreur de sept jeunes handicapées mentales était un assassin de la campagne, un fossoyeur possédé qui enfouissait ses proies sur les berges d'une jolie petite rivière, le Serein. Vingt-cinq ans plus tard, il était capable de désigner aux gendarmes les emplacements exacts où il avait creusé. Mais il répétait en boucle : « J'ai jamais tué quiconque. »

Michel Fourniret était le pire de tous, qui avait fait de son épouse consentante sa rabatteuse de jeunes vierges. À leur procès, il a raconté quelques-uns de ses sept crimes comme un horloger méticuleux présenterait la meilleure manière de démonter le mécanisme d'une montre. Il a ri, il a pleuré, il s'est tu, il a parlé : tout était affreux.

On a vu tout cela, passé des semaines à côté de ces hommes, et jamais on ne s'en est senti proche.

Le tueur en série nous échappe car il jouit de quelque chose qui nous est inconnu. On peut comprendre la décharge de chevrotine du jaloux, le guet-apens du cupide, le coup de hache de la brute humiliée ou la mort-aux-rats que l'empoisonneuse verse jour après jour dans le potage de son mari : ces crimes sont idiots, mais leur finalité saute aux yeux. Ce qui caractérise le tueur en série, c'est une succession d'homicides sans lien entre eux et sans finalité matérielle. Deux grands experts psychiatres, les docteurs Michel Dubec et Daniel Zagury, ont examiné ces criminels psychopathes et pervers. Ils ont expliqué aux différents procès de quoi ils tiraient un plaisir si fort qu'il leur fallait tuer à nouveau pour retrouver ce plaisir que rien d'autre que le meurtre ne pouvait provoquer : les tueurs en série jouissent de ne rien ressentir quand ils massacrent. À cet instant, ces hommes médiocres sont Dieu. La séquence fameuse du *Dictateur* au cours de laquelle Chaplin/Hynkel jongle avec un globe terrestre gonflé à l'hélium illustre mieux que les mots cette élation inouïe, cette sensation de toute-puissance plus grisante qu'une piqûre d'héroïne.

Les tueurs en série ne sont pas des malades mentaux, car ils savent très bien que ce qu'ils font est défendu. C'est leur plaisir qui est fou.

Trolls

Ils sont seize, hommes et femmes de tous âges, vêtus de hardes disparates. L'une des accusées arbore un sweat « Club Med » du meilleur effet. Seul l'un d'entre eux, surnommé par les autres « l'Américain », porte costume, cravate et souliers bien cirés – on dirait qu'il s'est fourni auprès de l'habilleur de John Travolta dans *La Fièvre du samedi soir*. Ils sentent terriblement mauvais. Au deuxième jour du procès, leurs avocats, assis derrière eux, ont collé des désodorisants sous les bancs de la cour d'assises du Bas-Rhin. Les seize accusés ne comprennent rien à ce qui se passe à Strasbourg, où ils n'avaient jamais mis les pieds, et n'ont qu'une vague conscience de ce que la justice leur reproche. Le plus jeune d'entre eux, poursuivi pour viol sur mineure avec actes de torture et de barbarie, un crime passible de la réclusion criminelle à perpétuité assortie d'une période de sûreté de trente ans, croit qu'il encourt une simple amende et, inquiet, cherche à en connaître par avance le montant.

À la pause du déjeuner, ils saucissonnent sur l'herbe, devant le palais de justice, et sifflent de grandes bouteilles d'Oasis (le jus de fruits a été remplacé par du vin rouge, apprendra-t-on incidemment). Ils mangent aussi à l'audience, quand la fringale les prend, tirant d'un sac en plastique d'immenses sandwiches au pâté à des moments aussi inopportuns que celui, par exemple, de la déposition poignante de la mère d'une des victimes. Le procès commence en avril : le 2 mai, ils apportent à leurs avocats du muguet cueilli, la veille, dans les bois.

Les journalistes, entre eux, les surnomment « les trolls ». Membres d'une communauté de vanniers sédentarisés en Alsace, les Yéniches, ils habitent dans des gourbis en lisière de forêt, parlent un dialecte connu d'eux seuls, baragouinent le français avec un accent à couper au couteau. Seul le chef de la petite troupe parle un peu mieux que les autres la langue officielle de la République. Cet homme trapu ressemble furieusement à Staline, à part le tatouage artisanal « Nic la polis » qui orne ses phalanges, une lettre sur chacun des dix doigts.

Les trolls ont été pris on ne sait comment dans l'enquête sur les crimes abominables de Pierre Bodein, alias « Pierrot le Fou ». Celui-ci, récidiviste, connu pour simuler avec un talent hors du commun les troubles psychiatriques, sort à peine de prison quand il éventre trois jeunes filles. Il laisse derrière lui, sur les scènes de crime, plusieurs indices confondants, dont son ADN. Les investigations conduisent les gendarmes jusqu'aux trolls, qui se retrouvent embarqués dans ce terrible dossier, soupçonnés d'avoir participé à l'un des trois crimes. Quand ils se rendent compte qu'on les surveille, les trolls tiennent un conseil de clan et font le choix de la cavale : ils fuient leurs gourbis et plantent des tentes dans la forêt, à quelques centaines de mètres. Les enquêteurs se divisent sur leur implication. D'aucuns estiment que les trolls sont peut-être, à l'occasion, des voleurs de poules, mais certainement pas des criminels, et qu'en tout état de cause jamais ils n'auraient fait de mal à un enfant. Il n'existe aucune preuve matérielle de leur implication ; il n'est pas même certain qu'ils connaissaient Pierre Bodein. Placés en garde à vue, puis mis en examen et incarcérés, ils ont tous livré des explications différentes à chacun de leurs interrogatoires, grosso modo quatre-vingts versions pour seize accusés. Si bien qu'à la fin de l'instruction il est impossible d'attribuer à chacun une position déterminée. Les juges ne sont pas d'accord entre eux : certains en tiennent pour le renvoi aux assises, d'autres pour le non-lieu. Ce sera, dans le doute qui profite rarement aux suspects, le renvoi.

La cour et les jurés n'ont pas jugé les trolls illettrés et malodorants sur leur apparence. Ils ont estimé que l'accusation ne rapportait pas la preuve de leur complicité avec un individu qu'ils n'avaient peut-être jamais rencontré. Ils les ont tous acquittés. Pierre Bodein a été condamné à la perpétuité.

Ni fleurs ni couronnes

Le ban et l'arrière-ban du barreau, la bâtonnière de Paris en robe, les plus grandes voix de pénalistes, tout ce monde réuni autour de son cercueil de bois blond sous les voûtes de l'église Notre-Dame de l'Assomption à Paris. Muets. Réduits au silence. « Il n'y aura pas de prise de parole. Thierry Lévy ne l'a pas souhaité », précise le prêtre. Il y a tout Thierry Lévy dans cette cérémonie du vendredi 3 février 2017. La liberté, la fidélité et l'orgueil.

La liberté de celui qui a toujours refusé d'être réduit à la seule identité de son patronyme – « identité, c'est un mot pour la police », écrivait-il dans *Lévy oblige* – et qui a choisi de faire célébrer une messe sous ces voûtes où il accompagnait, enfant, sa mère Rosie Nathan, convertie avant-guerre au catholicisme. À cette femme, inscrite au barreau de Paris, qui avait fait baptiser ses trois enfants, il devait, disait-il, le sentiment « de [s'être] toujours senti chez [lui] dans les églises ».

La fidélité à ses engagements avait été rappelée dans le Carnet du *Monde* qui annonçait son décès. « Ni fleurs ni couronnes, des dons peuvent être adressés à l'Observatoire international des prisons. » La corbeille passe dans les rangs. Les billets glissent sans bruit. Thierry Lévy avait 27 ans quand il a vu rouler une tête. Celle de Claude Buffet, qui, avec son complice Roger Bontems, avait tué deux otages lors d'une tentative d'évasion de la centrale de Clairvaux. Le jeune avocat avait été commis d'office pour assurer sa défense. Condamnés à mort, les deux hommes ont été guillotinés le 28 novembre 1972 dans la cour de la prison de la Santé. De ces heures glacées était né pour Robert Badinter, qui défendait Bontems, un combat acharné contre la peine de mort. Pour Thierry Lévy, une répulsion inextinguible pour l'emprisonnement.

L'orgueil, enfin, d'un avocat que son intransigeance a souvent tenu à l'écart des autres et qui n'a souhaité laisser à personne le soin de lui rendre hommage à sa mort, tout comme il avait refusé les distinctions de son vivant.

Ainsi est parti Thierry Lévy, l'inaliénable (13 janvier 1945 – 30 janvier 2017).

Répétition

En 1982, dans un collège de Marseille, un professeur de français demande à ses élèves de troisième d'ouvrir leur manuel de grammaire et de pratique de la langue française, au chapitre « Groupe nominal et proposition relative ». L'exercice porte sur un extrait du *Pull-over rouge* de Gilles Perrault, sorti quatre ans plus tôt, qui raconte l'exécution de l'un des derniers condamnés à mort français, Christian Ranucci, et soutient que celui-ci était innocent du meurtre de la petite Marie-Dolorès Rambla, une gamine de 6 ans enlevée dans la cour d'une cité de Marseille un jour de juin 1974.

La page du manuel est illustrée d'une photo de Christian Ranucci menotté. Un bruit mat fait sursauter la classe. L'un des élèves vient de jeter rageusement son livre contre le mur. Il s'appelle Jean-Baptiste Rambla. Marie-Dolorès était sa sœur aînée. Il avait 6 ans quand un individu au volant d'une voiture grise les avait abordés. Il en avait 8 quand Christian Ranucci, reconnu coupable du meurtre de sa sœur, avait été condamné à mort par la cour d'assises des Bouches-du-Rhône à Aix-en-Provence le 10 mars 1976 et guillotiné le 28 juillet à 4 h 13 du matin après le rejet de sa demande de grâce par le président de la République, Valéry Giscard d'Estaing. Pour étayer sa thèse en faveur de l'innocence de Ranucci, l'écrivain Gilles Perrault s'appuie notamment sur les déclarations du petit garçon concernant la voiture grise. Le livre a été vendu à des millions d'exemplaires. Un film en a été tiré. En 1981, la famille Rambla était en tête des cortèges des manifestants hostiles à l'abolition de la peine de mort promise par François Mitterrand et votée dans les premiers jours de son septennat. En punition de son attitude, l'adolescent récalcitrant du collège de Marseille fut renvoyé pendant une semaine.

Cour d'assises d'Aix-en-Provence, octobre 2008. L'accusé au long corps et au visage émacié qui comparaît pour le meurtre d'une femme de 40 ans, Corinne, se lève. C'est Jean-Baptiste Rambla.

Corinne connaissait bien la famille Rambla. Elle avait grandi dans la même cité de Marseille. Son frère et sa sœur faisaient partie des gamins de l'école qui avaient suivi le cercueil de Marie-Dolorès. Devenue gérante d'une société de restauration qui offrait ses services sur les lieux de tournage de films, elle partageait souvent son café au bistrot du coin avec le père Rambla. Quand cet homme détruit, replié sur sa tragédie, lui avait demandé si elle pouvait trouver un boulot pour son fils qui partait à la dérive, Corinne lui avait dit oui. Jean-Baptiste Rambla travaillait chez elle depuis quatre ans, un peu serveur, un peu régisseur, lorsqu'un jour de 2004 elle l'a appelé pour une histoire de camion à déplacer. Il est venu à son domicile prendre les clés. À partir de ce moment-là, Corinne a disparu. On sait juste qu'elle a retiré 1 000 euros à un distributeur automatique. Dans l'après-midi, son fils de 16 ans a reçu un texto d'elle lui annonçant qu'elle était partie à Ibiza. Puis un autre, dans la soirée, le prévenant qu'elle était bien arrivée. Puis plus rien. Ses proches ont trouvé ça bizarre. Surtout son fils, qui n'arrivait pas à croire que sa mère l'ait abandonné comme ça. Il est allé au commissariat pour signaler sa disparition. Pendant l'enquête, la société a continué à tourner. Jean-Baptiste Rambla y allait chaque jour et, comme il ne se trouvait pas assez payé, il a demandé une augmentation.

Sept mois plus tard, sa petite amie a été intriguée par l'odeur pestilentielle qui se dégageait du cabanon, au fond du jardin. Elle a ouvert un sac et elle est tombée sur un cadavre de femme, dont la tête était à moitié calcinée. Elle a prévenu les policiers, qui ont aussitôt interpellé Jean-Baptiste Rambla. Il a tout avoué.

Les textos, le meurtre. Vendredi 17 octobre 2008, trente-deux ans après avoir entendu la cour d'assises d'Aix-en-Provence prononcer la condamnation à mort de celui qui était accusé d'avoir tué sa fille, le père de Jean-Baptiste Rambla assiste à la condamnation de son fils à dix-huit ans de réclusion criminelle.

Le 9 août 2017, Jean-Baptiste Rambla a été interpellé à Six-Fours-les-Plages (Var), mis en examen pour meurtre en récidive et incarcéré. Âgé de 49 ans, il est accusé d'avoir égorgé Cintia Lunimbu, 21 ans, dans la région de Toulouse, en juillet.

Eau chaude, eau froide

Sans doute parce qu'ils trouvent leur tenue de travail bien triste, les magistrats sont friands de décorations. Ils courent après ces rubans colorés qui donneront, croient-ils, un peu de lustre à leur robe noire – ou rouge, et là, c'est encore mieux, sur l'écarlate et l'hermine des plus hauts gradés, les médailles se portent « pendantes », comme sur les uniformes des soldats héroïques, alors que peu de magistrats risquent leur vie pour la Nation. « La décoration ou l'avancement en font des valets », écrivait d'eux le célèbre avocat Maurice Garçon (1889-1967) dans son *Journal* – mais c'était à une autre époque.

Quelques juges ou procureurs ont un jour reçu les Palmes académiques, décoration destinée aux professeurs méritants, sans doute pour avoir dispensé leur savoir dans quelque amphithéâtre. Plus nombreux sont ceux qui arborent un ruban vert à chevrons mauves, distinction méconnue du grand public : la médaille d'honneur de l'administration pénitentiaire. Accrochée au ruban élégamment chamarré, une jeune femme de profil représente, gravée dans un métal noble, la

L’un des élèves
vient de jeter
rageusement
son livre contre
le mur. Marie-
Dolorès était
sa sœur aînée.
Il avait 6 ans
quand un individu
au volant
d’une voiture grise
les avait abordés.

République. Au dos, la devise claque : « Administration pénitentiaire, honneur et discipline ». Curieusement, des avocats portent sans vergogne cette décoration, sans doute pour avoir participé avec assiduité aux innombrables colloques sur la surpopulation carcérale. Ils rient avec les magistrats de l'hommage que leur rend ainsi la prison : « C'est pour remercier les fournisseurs. »

Mais les décorations les plus prisées sont, dans l'ordre ascendant, le Mérite et la Légion d'honneur, qui parent le juge d'une respectabilité impressionnante, et rend suspect celui dont la robe reste noire passé son cinquantième anniversaire : la croix, c'est la Rolex du juge. On obtient le Mérite à l'usure (l'ancienneté) avant la Légion d'honneur, mais quand on décroche, enfin, la seconde, on conserve les insignes du premier sur la robe, ce qui fait riche, alors qu'on pourrait ne coudre que le plus prestigieux des rubans. La couleur du Mérite est le bleu foncé ; celle de la Légion d'honneur, comme chacun sait, le rouge vif. Certains des magistrats (ou avocats) qui portent les deux, peut-être parce qu'au fond d'eux-mêmes ils comprennent la vanité de ces hochets, aiment à faire une bonne blague pour éviter d'avoir honte : de l'index, ils désignent le rouge et le bleu attachés au niveau du cœur et, avec un sourire entendu, comme s'ils se prenaient soudain pour un robinet, ils pouffent : « Eau chaude, eau froide. »

Contumace

Il est immense, quand il est vide, le grand box des grandes assises de Paris. Une douzaine d'accusés peuvent s'y tenir, avec autant de gendarmes derrière eux, mais ce jour-là il n'y a personne dedans. Rien qu'une âme. Une âme noire.

La greffière lit l'arrêt de renvoi – c'était la règle, en 2001. Elle égrène les noms des victimes. Il y en a deux cent cinquante. Fortunée Brakha, de Tunis. Les Chemla, de Lyon, Georgette et Gilbert, et ceux de Constantine, Huguette et Robert. Henri Lindembaum, 2 ans. Fleurette Krimolowsky… On les imagine, qui montent dans un train. Vêtus de frais, pour un long périple et une destination inconnue. On voit les culottes courtes, les nœuds dans les cheveux, les petites mains qui se tiennent jusqu'au moment où il faut se hisser dans les wagons. On entend leur babil, leurs cris d'enfants qui partent en voyage.

L'absent du box a regardé ce spectacle. Il en était l'ordonnateur.

Les enfants sont montés, les portières ont claqué, le train a quitté Drancy. À Auschwitz, l'absent du box n'était pas là pour voir descendre les passagers. Mais il savait, lui, où ils allaient, et quel destin attendait les enfants juifs du convoi du 31 juillet 1944 qu'il fallait se dépêcher de faire rouler car les Alliés approchaient. Il n'y avait pas que des enfants dans le train, mais aussi des adultes. Parmi eux, une femme de 103 ans.

La greffière lit et, petit à petit, une silhouette se dessine dans le grand box vide. Celle d'un vieillard de presque 89 ans. Il lui manque un œil et quatre doigts à la main gauche, depuis qu'il a ouvert, à Damas où il vivait paisiblement sous un faux nom, un colis piégé envoyé par le Mossad. Un avocat de partie civile plaide. Ou plutôt, Me Serge Klarsfeld raconte comment les hommes du fugitif à l'œil crevé sont venus, en 1943, arrêter sa famille à Nice. Sa mère et les enfants étaient cachés dans un placard à double fond : « Mon père s'est sacrifié pour ouvrir aux Allemands, afin d'éviter une fouille violente. Nous entendions nos voisins, brutalisés par les gestapistes, qui criaient : "Au secours, sauvez-nous, nous sommes Français !" » Arno Klarsfeld, le père de Serge, a été assassiné à Auschwitz.

Alois Brunner, alias Georg Fischer, alias Ali Mohammed, alias Aloïs Schmaldienst, alias Abou Hossein, né en 1912 dans une localité de l'Empire austro-hongrois, est condamné en son absence à la réclusion criminelle à perpétuité pour crimes contre l'humanité, conformément aux réquisitions de l'avocat général, Philippe Bilger. Certains le disaient mort avant son procès. Peu importe : il est des âmes si noires qu'elles ne méritent pas que la justice les laisse en paix.

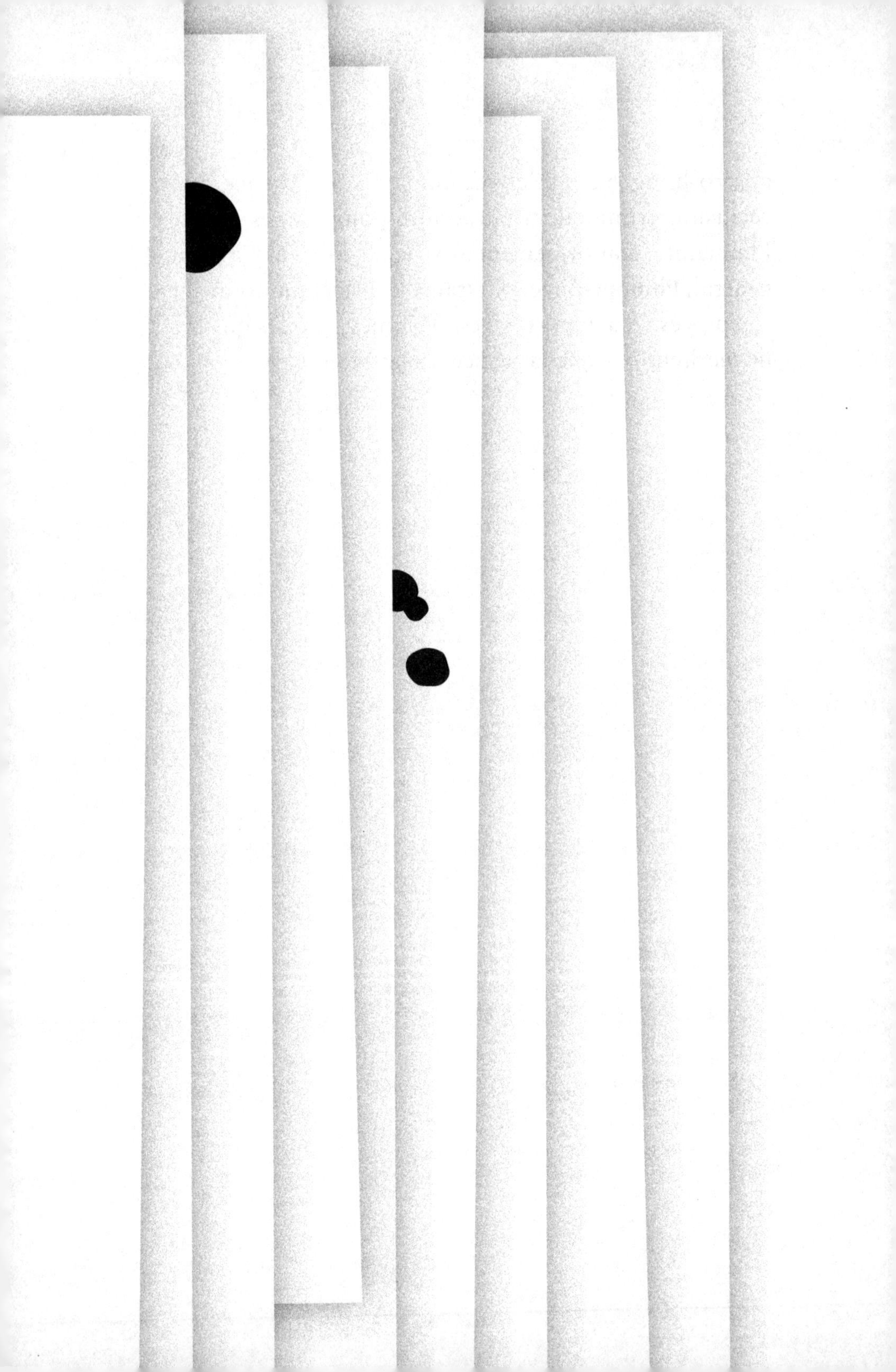

Greffier

Le greffier est le rouage méconnu de la procédure judiciaire. Jumeau invisible du juge d'instruction, il consigne tout ce qui se dit dans son cabinet. Rien n'existe s'il ne l'a couché sur le papier (ou sur son écran d'ordinateur). Il en était déjà ainsi au XIXe siècle, quand la justice s'occupa d'une certaine Hélène Jégado, empoisonneuse en série qui a sévi à travers toute la Bretagne.

Arrêtée après avoir occis des quantités déraisonnables d'individus de tous âges et des deux sexes, elle est longuement interrogée par un juge rennais. Tout est consigné à la plume d'oie par le greffier. Les procès-verbaux sont passés à la postérité, accessibles aux archives départementales de l'Ille-et-Vilaine. Le greffier du juge est écrivain plus que fonctionnaire, son style est plus vif qu'administratif. Celui-là sait-il qu'il rédige des documents qui feront date dans l'histoire judiciaire ? Sans doute comprend-il qu'on ne rencontre pas deux Jégado dans une carrière. En tout cas, il note tout. Mieux : il raconte. Sans son œuvre, on ne connaîtrait de l'affaire

« Les médecins diront ce qu'ils voudront, mais ce n'est pas moi qui l'ai empoisonnée. Je soutiendrai jusqu'à ma mort que je n'ai rien mis dans les petits pois ni dans autre chose pour faire mal à Rosalie. »

que ce qu'en ont colporté les gazettes de l'époque, et ce qu'en a retenu une chanson populaire, vendue sur des feuilles volantes aux abords du palais de justice de Rennes.

L'inculpée, comme on disait alors, est l'une des rares tueuses en série des annales criminelles françaises. En vingt ans, elle a assassiné au moins une quarantaine de personnes. Comme elle était cuisinière, elle n'avait aucun mal à saupoudrer ses potages de substances mortifères.

La voici devant le juge d'instruction Hippolyte Vanier, qui inculpe « la fille Jégado » et reconstitue son itinéraire vénéneux. Les procès-verbaux restent lisibles sur le papier jauni. Les relire, plus de cent cinquante ans après leur rédaction, procure une émotion particulière. On sonde la justice, comme les scientifiques creusent au pôle Nord pour découvrir la mémoire de la Terre.

Le 27 juillet 1851, l'inculpée, que les récits d'époque décrivent comme laide, acariâtre, ivrogne et empestant le tabac, est conduite devant le magistrat. Elle nie tout. La mort subite de Rosalie Sarrazin, l'une des bonnes de son dernier patron, dont le cadavre autopsié était bourré d'arsenic ? Sous la plume du greffier, on entend presque la voix de la Jégado : « Les médecins diront ce qu'ils voudront, mais ce n'est pas moi qui l'ai empoisonnée. Je soutiendrai jusqu'à ma mort que je n'ai rien mis dans les petits pois ni dans autre chose pour faire mal à Rosalie. »

Le 27 septembre suivant, on la presse cette fois d'avouer le meurtre de trois autres jeunes filles. La Jégado s'anime, le greffier n'en perd pas une miette, il écrit à toute vitesse, trempe sa plume dans l'écrier le plus vite possible : « L'inculpée, se levant, répond avec une incroyable énergie et hurle : "Cela ne fait rien qu'on ait retrouvé de l'arsenic. Qu'est-ce que cela me fait, ce que disent les médecins ? Je répéterai toujours que je suis innocente. Vous m'amèneriez deux mille personnes que je le soutiendrais toujours. Vous me direz ce que vous voudrez : vous ne me ferez pas peur et je ne changerai pas de couleur pour cela. Je défie qu'on trouve un témoin qui m'ait vue !" » Le greffier précise : « Telles sont les expressions que l'inculpée répète le plus souvent, au milieu d'un flux de paroles qu'il nous est impossible de reproduire textuellement. »

Le procès d'Hélène Jégado s'ouvre à Rennes le 6 décembre 1851. Son avocat, Me Magloire Dorange, 24 ans seulement, tente une improbable défense de rupture. Après quoi, plus raisonnablement, il plaide la folie. Sa cliente est guillotinée le 26 février 1852. Peu avant de monter à l'échafaud, Hélène Jégado, dont la première victime fut un curé, aurait, sans témoin, avoué ses crimes à l'abbé Tiercelin. Tout est bien qui finit bien, en quelque sorte. Mais l'opportune déclaration du prêtre n'a pas le poids des procès-verbaux recueillis dans le cabinet du juge Vanier : à confesse, les curés n'ont, hélas, pas de greffier avec eux.

[illegible] que suffit. Dans tous [illegible] de déclaration
de [illegible] les pages [illegible]
avec le [illegible] commune [illegible] les [illegible]
[illegible] de réflexion [illegible]

Monsieur

L'avocat, cela arrive même aux meilleurs, a un client mécontent. Il s'agit d'un voyou détenu en attendant son procès, pas vraiment un caïd mais pas n'importe qui non plus : un second couteau nerveux, imprévisible et violent. Son frère a téléphoné au cabinet, insulté une collaboratrice et menacé tout le monde de représailles, car le second couteau trouve le temps long en prison.

Un autre client de l'avocat est détenu dans le même établissement. Mais un client d'un tout autre calibre : un malfrat de haut rang, bandit chevronné, inscrit à l'annuaire de l'aristocratie du crime (le fichier du grand banditisme). Ce qui s'appelle, dans le milieu, un « monsieur ». D'ailleurs, le second couteau est mélangé aux branquignols de la délinquance, tandis que le « monsieur » est à l'isolement complet, surveillé jour et nuit comme le lait sur le feu car il a à l'extérieur beaucoup d'amis dévoués, parmi lesquels une impressionnante proportion d'obligés intrépides.

Même s'il en a vu d'autres, l'avocat est chagriné par les menaces qui ont instauré une sale ambiance à son cabinet. Il s'en ouvre au « monsieur » à l'occasion d'un parloir, juste comme ça, histoire de causer. Son interlocuteur ne dit rien, il est du genre taiseux.

Une semaine après, comme par miracle, une lettre arrive au cabinet de l'avocat. Elle est signée par le second couteau. Celui-ci présente ses plates excuses pour l'initiative malheureuse de son frère dont il vient seulement d'être informé. Le second couteau affirme qu'il est pleinement satisfait des services du cabinet, qu'il a toute confiance dans les compétences remarquables de son avocat. Il conclut son courrier par les formules de politesse d'usage.

Cornichon

C'est ce que l'on appelle un « coup » d'audience. Un de ces épisodes qui enchantent la mémoire du palais et dont on devine déjà qu'il se racontera et se racontera encore, embelli, enrichi, enjolivé. On le doit à Me Francis Szpiner. L'avocat défendait en mars 2011 le chanteur Pierre Perret, qui s'estimait diffamé par l'article d'une journaliste du *Nouvel Observateur* mettant sérieusement en doute l'amitié avec l'écrivain Paul Léautaud dont il se prévalait. Parmi les témoins annoncés figurait Delfeil de Ton, l'un des chroniqueurs les plus renommés de l'hebdomadaire.

Membre de l'association des Amis de Paul Léautaud, Delfeil de Ton, de son vrai nom Henri Roussel, avait accepté de mettre sa réputation, sa notoriété, et surtout sa connaissance aiguë de l'écrivain misanthrope et de son œuvre au service de sa consœur. À la barre, il se montre drôle et détendu, conte le Paris du milieu des années 1950 qu'il a fréquenté étudiant, son Quartier latin parsemé de bouquinistes, et évoque mille anecdotes sur Léautaud. Puis il en vient à l'objet de ce procès.

Tout, dit-il, dans ce que Pierre Perret raconte de ses rencontres avec l'écrivain est « invraisemblable ».

« Invraisemblable », cette promenade du chanteur en sa compagnie, boulevard Saint-Michel.

— Perret dit qu'ils vont chez Gibert Jeune pour acheter des livres. Mais si Paul Léautaud avait dû acheter des livres, il serait allé chez les bouquinistes de la rue de Médicis ou de la rue de Tournon. Jamais chez Gibert !

À son banc, Me Szpiner, esquisse un sourire.

Encore plus « invraisemblable », selon Delfeil de Ton, ce récit de Pierre Perret mettant en scène un Léautaud découvrant Line Renaud à Bobino ou écoutant le jeune homme lui chanter « Le Gorille » ou « La Mauvaise Réputation » de Georges Brassens.

Tellement « invraisemblable » qu'il en rit au micro.

Me Szpiner feint la fatigue et ferme les yeux.

Delfeil de Ton poursuit son réquisitoire. Il assure tranquillement que dès la première lecture du livre de Pierre Perret consacré à Paul Léautaud – *Adieu M. Léautaud* – il a ressenti « un malaise, une gêne ».

— Dans ce livre, explique le journaliste, on n'apprend rien sur Léautaud qui n'ait déjà été raconté ailleurs. C'est simple, chez tous ceux qui connaissent bien Léautaud, pas un ne croit à ces rencontres avec Perret !

Me Szpiner sourit, encore une fois.

Et puis, vient le coup de grâce. Delfeil de Ton s'en prend à Gallimard, qui a osé commettre le crime d'évacuer, pour des raisons mercantiles, le lettré Pascal Pia de la préface des *Choix de pages* du *Journal littéraire* de Paul Léautaud afin de la confier à Pierre Perret.

— Passer de Pascal Pia à Pierre Perret ! se lamente Delfeil de Ton.

À son banc, Me Szpiner pose un regard gourmand sur celui qui accable autant son client. Le président se tourne vers lui.

— Maître, vous avez la parole, pour interroger le témoin.

Me Szpiner ouvre une mince chemise. En extrait une feuille imprimée. Lit, doucement, d'un ton neutre, un article de journal.

— « Perret avait 20 ans. Il arrivait de sa province pour faire son service militaire à Paris. L'admiration le poussait. Il s'est présenté, "le 26 août 1954 exactement" chez Paul Léautaud. Lequel, alors âgé de 82 ans et célèbre depuis peu (...), le reçut une fois, deux fois, une dizaine de fois, l'accompagna dans les librairies du Quartier latin pour lui procurer les livres qu'il devait connaître.

« Dans *Adieu Léautaud,* que réédite Lattès, Pierre Perret raconte comment il chantait à Léautaud, qui ne le connaissait pas, le répertoire de Brassens et comment, en retour, Léautaud lui récitait du Francis Jammes. »

L'avocat poursuit sa lecture. L'auteur y reprend sans distance aucune l'anecdote de Léautaud sortant de Bobino où il a entendu chanter Line Renaud. Puis il termine son papier sur cette simple phrase : « Pierre Perret passe à L'Olympia du 9 décembre au 4 janvier. »

Me Szpiner se tait. À la barre, Delfeil de Ton se tourne vers lui et lui demande :

— Qui a écrit ça ?

On perçoit la pointe de mépris dans le « ça ».

Me Szpiner :

— Delfeil de Ton.

— Qui ???

— Delfeil de Ton.

L'avocat tend au journaliste la copie de la page du *Nouvel Observateur*, consacrée aux « lundis » de Delfeil de Ton et datée de 1986, dont il vient de faire la lecture. Le journaliste retourne le papier en tous sens. Beau joueur, il abdique.

— Je ne m'en souviens pas. Vraiment, je ne m'en souviens pas. Si je m'en étais souvenu, je ne serais pas venu faire le cornichon ici !

Le Chabert

Maître Benoît Chabert défend l'un des prévenus poursuivis dans l'affaire de « l'hormone de croissance », un drame sanitaire à l'origine du décès de plus de cent vingt patients. L'enjeu du procès est de déterminer si, à l'époque où ces jeunes gens ont été traités avec de l'hormone de croissance d'origine humaine, les médecins et les pharmaciens pouvaient ou non avoir eu connaissance des risques mortels que ce traitement était susceptible de comporter, en cas de contamination de l'hormone par une maladie à prions. L'avocat pense avoir trouvé le Graal de la défense dans les travaux d'une éminente spécialiste des « pathologies émergentes » chez les animaux (« vache folle », grippe aviaire, « tremblante » du mouton), qui rendent compte des difficultés des chercheurs face à ces maladies.

Avec l'appui d'une telle autorité, pense l'avocat, la relaxe de son client et de ses coprévenus est acquise.

Lorsqu'elle se présente à la barre, le professeur Jeanne Brugère-Picoux en impose. Une stature, une allure sévère, des cheveux gris, un verbe sûr. Mais voilà que, très vite, elle se met à énumérer la longue liste des connaissances, même fragmentaires, qui auraient dû, à l'époque, alerter tous ceux qui collectaient, traitaient et prescrivaient des hormones extraites d'hypophyses humaines. Ce n'est pas du tout ce qui était espéré d'elle. Me Chabert commence à s'agiter mais il n'a pas le droit d'interrompre la déposition du témoin. Comme la spécialiste est éminente et très sérieuse, elle pousse même la conscience professionnelle jusqu'à citer, au jour près et sans notes, la date de chaque publication et ses principaux extraits. Sur les bancs de la défense, les prévenus et leurs avocats blêmissent, tandis que leurs adversaires, qui représentent les familles des victimes, savourent l'aubaine.

Quand leur tour vient de l'interroger, l'un de ces avocats s'adresse avec une infinie courtoisie au témoin :

— Madame le professeur, selon vous, les personnes chargées de prélever les hypophyses en France devaient-elles être au courant de cette littérature ?

— C'est évident.

L'avocat des familles insiste. L'éminente précise :

— À partir de 1984, il y a eu des alertes qu'aucun neurologue ne pouvait méconnaître.

— Je rappelle que ce témoin a été cité par la défense...

Tandis que Me Chabert s'affaisse, muet, sur son banc, les autres avocats de la défense tentent, un à un, d'atténuer la portée des propos du témoin, voire d'écorner son crédit de spécialiste, ce qui apparaît au mieux tardif, au pis indélicat et surtout diablement inefficace. Aussi tranquillement que si elle chassait un moustique, la dame poursuit sa déposition accablante.

À la suspension d'audience, les robes noires de la défense fondent comme un seul homme en colère sur leur confrère. Chez les chroniqueurs judiciaires, citer à la barre un témoin qui vous explose entre les mains porte désormais un nom: « faire un Chabert ».

Un pote

Il y a beaucoup de haine à la cour d'assises. Et puis, parfois, il y a un Béjuy. Un soir d'août 2004, il avait organisé une grande fête chez lui. Tous les amis du rugby de Bourgoin-Jallieu étaient là. On avait dressé un chapiteau dans le jardin, monté des tables sur tréteaux avec des nappes en papier blanc. Marc Cécillon, l'ancien capitaine de l'équipe de France, était arrivé avec « le litre de jaune », du pastis rapporté de ses vacances, et son épouse Chantal avait offert une bouteille de champagne.

Marc Cécillon avait déjà beaucoup bu lorsqu'il a commencé à insulter Chantal. La femme de Béjuy, Babette, s'en est mêlée : « Tu lui parles pas comme ça ! » L'ancien rugbyman a levé la main sur elle, Babette a vu « trente-six chandelles ». Sur la fête, ça a jeté un froid. Christian s'est précipité sur Marc et l'a frappé. Puis il a l'a mis dehors. Une quarantaine de minutes plus tard, Marc Cécillon est revenu. Sous sa chemise, il avait glissé le .357 Magnum rapporté dans ses bagages, des années plus tôt, d'une tournée du XV de France en Afrique

Il a retiré ses mains,
les a nouées dans
son dos, dénouées,
reposées sur
la barre, frottées
le long de ses
cuisses, glissées
dans ses poches,
ressorties, glissées
à nouveau.
Un immense silence
est tombé sur la
salle d'audience.

du Sud. Il avait l'air calme. Il a parlé un peu avec Christian. A salué une amie. Puis il s'est approché de la table où se trouvait sa femme. Lui a demandé de la suivre. Elle a refusé.

— Tu peux toujours m'attendre ! lui a-t-elle lancé.

Marc Cécillon a tiré quatre, cinq balles, à bout portant, sur Chantal.

Ils se sont mis à plusieurs hommes pour le maîtriser. Christian lui a crié :

— Marco, t'as vu ce que t'as fait ! T'as tiré sur ta femme ! T'as tiré sur la mère de tes enfants !

— Non, Bézouille, délirait Marc Cécillon. Je l'ai pas tuée. C'est ça l'amour !

Le 2 décembre 2008, Christian Béjuy a été cité à la barre des témoins devant la cour d'assises du Gard à Nîmes, qui jugeait Marc Cécillon en appel. Il a posé ses deux mains sur la barre. S'est penché vers le micro. Pas un son n'a pu sortir de sa bouche. Il a retiré ses mains, les a nouées dans son dos, dénouées, reposées sur la barre, frottées le long de ses cuisses, glissées dans ses poches, ressorties, glissées à nouveau. Un immense silence est tombé sur la salle d'audience.

— Béjuy, Christian. J'ai 49 ans. J'suis peintre. Chantal, c'était ma copine d'école. On était au conseil de classe, tous les deux. Marc, il a tout fait pour moi. Quand il y avait une place pour un match, elle était pour moi. Il était toujours là pour me dépanner. On les aimait tous les deux. On les aime tous les deux. C'est dur... c'est tellement dur d'en parler. Ils sont plus là tous les deux. Chantal, elle est plus là. Marc, il est en prison. Il a commis l'irra... l'iprable... l'irréparable. Faut qu'y soit puni. Mais ce qu'il a fait, c'était pas avec sa tête de Marc Cécillon. Il était au fond du sac. Le soir des faits, c'était plus lui, c'était plus mon pote. Il a tapé sur ma femme. C'était pas un geste normal. Ma femme, c'est son amie. Je lui ai dit, moi, d'ailleurs : « Marc, t'es plus mon pote. » Je lui ai dit : « Marc, faut que t'aille voir quelqu'un. Faut te soigner. Ça peut plus continuer comme ça. Moi, je vous dis le mec comme il est. J'espère pas me tromper. Marc, c'est comme mon frère.

Il se tourne vers le box.

— Hein ? c'est vrai ?

Marc Cécillon le regarde, approuve en silence de la tête.

— Il le sait. C'est mon frère. Mais Chantal... Chantal, c'est...

Il pleure. Il lève les yeux au ciel. Parle comme pour lui-même. Tout seul avec son chagrin qui le secoue comme un gosse.

— Chantal, j'espère que tu m'en veux pas. Je t'ai pas trahie, hein Chantal, je t'ai pas trahie.

Son regard se pose à nouveau sur la cour et les jurés. Il crie presque.

— Jugez-le, vous ! jugez-le ! Moi, je suis qu'un Béjuy. Mais nous, on connaît les familles, les deux familles, des deux côtés.

La présidente suspend l'audience. Dehors, Christian Béjuy pleure encore.

GQ

L'idée est d'autant plus géniale qu'elle n'a aucun sens : classer les avocats et avocates de France en fonction de leur « puissance », et publier chaque année la liste des trente premiers. Le magazine *GQ*, exégète du « *lifestyle* » au masculin, était tout désigné pour classer les avocats puissants. L'apparition de ce palmarès, en 2012, a immédiatement produit son effet dans l'univers des barreaux, où gravitent quelque soixante mille candidats à la puissance homologuée.

Il se murmure que certains ont mis la puissance de leurs réseaux au service de leur entrée dans le tableau d'honneur, voire de leur accession au podium. D'autres, de crainte de ne pas en être, ont fait savoir haut et fort qu'ils refusaient de figurer dans un tel classement. Mais ils sont peu nombreux. De sorte que les avocats sont les seuls hommes possiblement mal habillés à se pavaner dans *GQ*, et leurs consœurs, les seules femmes décemment vêtues à les y côtoyer.

Le classement de *GQ* constitue, en réalité, le révélateur des problèmes d'ego qui travaillent bon nombre d'avocats, au premier rang desquels les pénalistes. Ils veulent qu'on les aime, bien qu'on leur reproche de défendre des criminels. Le génie du marketing qui a inventé le concept d'« avocat puissant » savait-il qu'il lançait une drogue dure sur un marché de soixante mille robes noires ?

Plafond

Les plafonds des cours d'assises, recouverts d'allégories pompières dans les palais anciens, constituent de merveilleux dérivatifs quand le procès traverse un tunnel ennuyeux – les lectures de procès-verbaux par le président, entre autres. On lève les yeux et la Justice, une femme aux seins nus, nous autorise à rêver un peu sans trop nous échapper du cadre. Elle nous rappelle que notre droit découle d'une morale vieille comme l'Ancien Testament, que la lutte du Bien contre le Mal reste ancrée dans tous les esprits, alors qu'on ne devrait plus faire de morale dans les tribunaux: la morale n'est que l'habit bien repassé du talion. Il y a de l'azur tourmenté de nuages, des symboles dont on a oublié le sens. Il arrive que cette scène édifiante soit accompagnée de sous-titres en latin.

Parfois, c'est une tapisserie au thème de circonstance (les œuvres du *Jugement de Salomon* sont très prisées) qui remplace les ornements du plafond quand celui-ci n'est pas peint. À Paris, au mur de la grande cour d'assises, on a installé une fresque gigantesque,

Les plafonds
surchargés sont
irremplaçables :
si les juges
et les jurés lèvent
les yeux vers eux,
ils comprennent
tout de suite ce
à quoi la justice,
aujourd'hui,
ne doit pas
ressembler.

d'une laideur phénoménale : elle représente Louis XIII enfant dans la cérémonie du lit de justice. Signée par un certain Henri Pelletier en 1945, on la devine commandée quelques mois auparavant, on n'ose imaginer par qui, en des temps où la justice avait moins les seins nus que la guillotine et le peloton d'exécution faciles. Mais cette ornementation présente un immense mérite : elle permet, pendant que le président lit ses PV, de compter les hallebardes, les lévriers, les colliers de perles de ces dames, les fleurs de lys. L'un des hallebardiers nous regarde ; c'est le seul personnage masculin qui ait des traits nets et pas de barbiche, on imagine qu'Henri Pelletier s'est lui-même représenté.

Dans les palais modernes, il n'y a pas de plafond édifiant. Parfois, des tentures aux motifs abstraits pendouillent aux murs de béton, qui ne nous racontent rien.

Les plafonds surchargés sont irremplaçables : si les juges et les jurés lèvent les yeux vers eux, ils comprennent tout de suite ce à quoi la justice, aujourd'hui, ne doit pas ressembler.

En partant

Sur le banc dont tu avais fini par rechercher l'inconfort, tu as refermé ton cahier. Tu as accroché tes yeux à l'allégorie peinte au plafond pour qu'elle te garde ici avec elle, tu as respiré l'odeur de bois ciré, de larmes, de drames, pour remplir tes poumons de ces assises. Le procès est achevé, la justice est passée, il te faut partir, franchir les colonnes du palais ; descendre les marches dont tu te surprends à connaître le nombre exact. C'est comme la fin d'une drôle de colonie de vacances, avec la nostalgie du départ, l'espoir naïf de retrouvailles à venir, l'angoisse du retour au normal. Le gardien ferme les grilles derrière toi. Tu n'aimes pas te sentir chassé.

Et vient le moment de reprendre le train. Au kiosque de la gare, les manchettes des journaux parlent un langage étranger. Un spationaute rentrant d'un voyage autour de la Terre, un marin au long cours reposant le pied sur le rivage, un convalescent sortant de l'hôpital où il a séjourné, ne ressentent pas mieux que le chroniqueur judiciaire quittant un procès d'assises le bonheur dérangeant et fugace de cette absence au monde.

[illegible]

[illegible]

Glossaire

Accusé. Ce terme désigne la personne qui répond d'un crime devant une cour d'assises (en matière de délit, jugé par un tribunal correctionnel, on parle de « prévenu »). L'accusé comparaît souvent détenu, mais ce n'est pas obligatoire. S'il est libre, il doit rester dans l'enceinte du palais de justice, sous bonne garde, pendant que la cour et les jurés délibèrent pour décider du verdict. Cette mesure a été adoptée après que quelques accusés libres ont profité du délibéré pour prendre la fuite, craignant une issue défavorable.

Acquittement. Quand la cour et les jurés ont l'intime conviction que l'accusé ne peut être déclaré coupable, ils prononcent un acquittement (en correctionnelle, où n'interviennent que des magistrats professionnels, on parle de « relaxe »). Il y a en première instance neuf juges, six jurés et trois magistrats professionnels ; en appel, ils sont douze, neuf jurés et trois magistrats. La culpabilité ne peut être prononcée qu'à une majorité qualifiée, de sorte qu'il suffit de quatre bulletins contre la condamnation (ou blancs) en première instance, ou de cinq en appel, pour entraîner l'acquittement.

Appel. Toute décision de justice est susceptible d'être soumise à un autre examen, à la demande de l'accusé ou du ministère public. On dit alors « faire (ou interjeter) appel ».

Avocat général. Il ne s'agit pas d'un avocat mais du magistrat qui soutient l'accusation devant la cour d'assises – au tribunal correctionnel, on parle de procureur. L'avocat général peut, si l'audience ébranle suffisamment les arguments de l'accusation, requérir l'acquittement.

Cassation. Après l'appel, seul un pourvoi en cassation permet, à l'initiative de la défense ou du ministère public, d'examiner à nouveau un dossier. Toutefois, la Cour de cassation, juridiction suprême de l'ordre judiciaire, ne se prononce pas sur le fond mais sur la forme, c'est-à-dire l'application de la loi et des règles de droit. Si elle entérine une erreur de droit, un nouveau procès a lieu devant une juridiction désignée par la Cour de cassation. Un acquittement ne peut pas faire l'objet d'un pourvoi en cassation.

Comparution immédiate. Autrefois appelées « flagrants délits », les audiences correctionnelles de comparution immédiate sont organisées à la demande du parquet pour juger rapidement les délits qui lui paraissent incontestables. Le prévenu peut demander quinze jours pour préparer sa défense, mais il est généralement détenu pendant cette période. À noter que toutes les peines de prison ferme prononcées en comparution immédiate sont immédiatement mises à exécution, ce qui n'est pas systématique lors des procédures ordinaires.

Cote. Les pièces des dossiers judiciaires sont classées sous forme de « cotes », par ordre chronologique. Quand, lors des procès, les magistrats et avocats débattent d'un procès-verbal, ils doivent en indiquer la cote (D45, D760...) afin que tous puissent se référer au texte intégral.

Cour d'assises. Juridiction chargée de juger les crimes : homicides, viols, attaques à main armée, trafics de drogue à très grande échelle... La cour proprement dite est composée de trois magistrats du siège, le président et ses assesseurs, avec lesquels siègent des jurés tirés au sort sur les listes électorales. Certains crimes, notamment en matière de terrorisme, relèvent de la « cour d'assises spécialement composée », dans laquelle ne siègent que des magistrats, afin d'éviter pressions et menaces sur les jurés citoyens.

Délibéré. Quand les débats sont clos, que l'avocat général a prononcé son réquisitoire et que tous les avocats (partie civile et défense) ont plaidé, la cour et les jurés se retirent pour décider à bulletins secrets du sort de l'accusé. La loi dispose que le secret qui entoure leurs discussions est absolu et éternel. Une fois le verdict entériné, les bulletins de vote sont détruits.

Escorte. Les policiers ou gendarmes qui accompagnent l'accusé dans tous ses déplacements, depuis sa cellule jusqu'au box.

Homicides. On commet un homicide en donnant volontairement la mort à quelqu'un. Si le crime est prémédité, on l'appelle « assassinat » et il est passible de la réclusion criminelle à perpétuité. Sinon, on parle de « meurtre », passible – sauf circonstances aggravantes – de trente ans de réclusion.

Instruction. Cette phase d'enquête, appelée officiellement « information judiciaire », est confiée à un juge indépendant (ou à un collège de juges), qui désigne tel ou tel service (police, gendarmerie) et lui délègue ses pouvoirs par le biais de « commissions rogatoires ». L'instruction permet les enquêtes les plus poussées. Obligatoire en matière criminelle, elle ne concerne plus, de nos jours, que quelque 3 % des dossiers traités par la justice.

Intime conviction. Clé de voûte du délibéré, elle est encadrée par l'article 353 du Code de procédure pénale : « Sous réserve de l'exigence de motivation de la décision, la loi ne demande pas compte à chacun des juges et jurés composant la cour d'assises des moyens par lesquels ils se sont convaincus, elle ne leur prescrit pas de règles desquelles ils doivent faire particulièrement dépendre la plénitude et la suffisance d'une preuve ; elle leur prescrit de s'interroger eux-mêmes dans le silence et le recueillement et de chercher, dans la sincérité de leur conscience, quelle impression ont faite, sur leur raison, les preuves rapportées contre l'accusé, et les moyens de sa défense. La loi ne leur fait que cette seule question, qui renferme toute la mesure de leurs devoirs : "Avez-vous une intime conviction ?" »

Jurés. Citoyens tirés au sort sur les listes électorales, ils jugent les accusés, avec trois magistrats professionnels. Chaque voix a le même poids lors du délibéré.

En première instance, les jurés sont au nombre de six ; en appel, ils sont neuf. Pour les affaires délicates, ou les procès longs, un ou plusieurs jurés supplémentaires sont tirés au sort : ils interviennent en cas de défaillance d'un titulaire (sans quoi il faudrait arrêter le procès et le reprendre à zéro lors d'une autre session). La défense et l'accusation peuvent récuser un certain nombre de jurés lors du tirage au sort, sur la base d'une liste mentionnant leur âge, leur profession et leur lieu de naissance. Les jurés prêtent, avant d'examiner un dossier, le serment défini par l'article 304 du Code de procédure pénale : « Vous jurez et promettez d'examiner avec l'attention la plus scrupuleuse les charges qui seront portées contre X..., de ne trahir ni les intérêts de l'accusé, ni ceux de la société qui l'accuse, ni ceux de la victime ; de ne communiquer avec personne jusqu'après votre déclaration ; de n'écouter ni la haine ou la méchanceté, ni la crainte ou l'affection ; de vous rappeler que l'accusé est présumé innocent et que le doute doit lui profiter ; de vous décider d'après les charges et les moyens de défense, suivant votre conscience et votre intime conviction, avec l'impartialité et la fermeté qui conviennent à un homme probe et libre, et de conserver le secret des délibérations, même après la cessation de vos fonctions. »

Ministère public. Autre terme pour désigner l'accusation. L'avocat général est le représentant du ministère public aux assises.

Motivation. Rédigé par le président, cosigné par le premier juré (celui qui a été tiré au sort en premier), ce texte résume les raisons pour lesquelles la cour et les jurés ont pris leur décision, quelle qu'elle soit.

Oralité. La procédure des assises est orale : ni les assesseurs ni les jurés n'ont eu accès aux pièces du dossier. Le greffier ne note que des indications formelles (« le témoin X prête serment », etc.), ainsi que les phrases significatives, « actées » à la demande d'une partie ou à l'initiative du président.

Ordonnance de mise en accusation. Lorsque le juge d'instruction estime que le suspect doit être jugé par une cour d'assises, il rédige ce document (jadis appelé « arrêt de renvoi ») qui résume les faits en tenant compte, théoriquement, des éléments à décharge.

Parquet. Ensemble des magistrats placés sous l'autorité du procureur de la République dans chacun des ressorts des tribunaux de grande instance français, et du procureur général au niveau des cours d'appel.

Le parquet, hiérarchisé, décide de l'opportunité des poursuites, et soutient l'accusation au procès.

Partie civile. La victime ou ses proches peuvent demander réparation de leur préjudice par le biais de dommages et intérêts. On les appelle « parties civiles ».

Président. Le président est, comme ses assesseurs, un magistrat du siège, indépendant. Après avoir pris connaissance du dossier, il fixe le calendrier des débats, décide de l'ordre de passage des témoins et experts. En France, on ne l'appelle pas « Votre Honneur ».

Scellés. Toute pièce saisie lors de l'enquête criminelle est placée sous scellés. Cela va d'une note manuscrite à un canapé-lit ou à une camionnette. L'arme du crime, si elle a été découverte, est également placée sous scellés.

Session. Les cours d'assises jugent souvent, successivement, plusieurs affaires lors d'une même session, qui dure de deux à quatre semaines, voire davantage. Pour chaque dossier, un jury est tiré au sort parmi les citoyens convoqués pour l'ensemble de la session. Il peut arriver qu'une seule affaire, d'une complexité particulière ou en raison d'un nombre important d'accusés, occupe entièrement celle-ci.

Siège. Ensemble des magistrats statutairement indépendants (contrairement à leurs collègues du parquet) qui rendent les décisions de justice. Aux assises, le président et ses assesseurs sont des magistrats du siège.

Verdict. Nom usuel des arrêts criminels rendus par les cours d'assises – les tribunaux prononcent des jugements, les cours d'appel des arrêts. La peine la plus basse qu'une cour d'assises puisse prononcer : un an de prison avec sursis. Peine maximale : réclusion criminelle à perpétuité, assortie le cas échéant d'une période de sûreté incompressible. Lorsque le président proclame le verdict, il ne précise jamais si la cour et les jurés se sont prononcés à l'unanimité. En cas de condamnation, il précise seulement que la culpabilité a été votée « à la majorité de six voix au moins » (en appel, huit voix).

Index des noms cités

CRÉDITS PHOTOGRAPHIQUES

L'EXEMPLAIRE QUE VOUS TENEZ ENTRE LES MAINS A ÉTÉ RENDU POSSIBLE
GRÂCE AU TRAVAIL DE TOUTE UNE ÉQUIPE.

CONCEPTION GRAPHIQUE ET COUVERTURE : Quintin Leeds
MISE EN PAGE : Soft Office
COORDINATION ÉDITORIALE : Lola Nicolle
PHOTOGRAVURE : Point 11
RÉVISION : Sarah Ahnou et Emmanuel Dazin
FABRICATION : Marie Baird-Smith et Maude Sapin avec Valentine Ferrante

COMMERCIAL : Pierre Bottura
PRESSE/COMMUNICATION : Audrey Siourd
RELATIONS LIBRAIRES : Jean-Baptiste Noailhat

RUE JACOB DIFFUSION : Élise Lacaze (direction), Katia Berry (Grand Sud-Est), François-Marie Bironneau (Nord et Est), et Charlotte Jeunesse (Paris et région parisienne), Christelle Guilleminot (Grand Sud-Ouest), Laure Sagot (Grand Ouest), Diane Maretheu (coordination) et Charlotte Knibiehly (ventes directes), avec Christine Lagarde (Pro Livre), Béatrice Cousin et Laurence Demurger (équipe Enseignes), Fabienne Audinet et Benoît Lemaire (LDS), Bernadette Gildemyn et Richard Van Overbroeck (Belgique), Nathalie Laroche et Alodie Auderset (Suisse), Kamel Yahia et Kimly Ear (Grand Export)

DISTRIBUTION : Hachette

DROITS FRANCE ET JURIDIQUE : Geoffroy Fauchier-Magnan
DROITS ÉTRANGERS : Sophie Langlais

ENVOIS AUX JOURNALISTES ET LIBRAIRES : Patrick Darchy
LIBRAIRIE DU 27 RUE JACOB : Laurence Zarra
ANIMATION DU 27 RUE JACOB : Perrine Daubas

COMPTABILITÉ ET DROITS D'AUTEUR : Christelle Lemonnier avec Camille Breynaert
SERVICES GÉNÉRAUX : Isadora Monteiro Dos Reis, Jean-Luc Ichiza-Imaho

Photo : procès de Jean-Michel Bissonnet.

ISBN : 979-10-95438-42-7
N° d'impression : 194173
Dépôt légal : février 2018

Achevé d'imprimer en France par Corlet imprimeur
en décembre 2017.